交警执法实务及常见警情处置规范

主　编：李　文
副主编：靳　国　崔成有
编委会成员：李　文　靳　国　崔成有　梁　凯
张晓宁　张　璇　董世彤

中国法制出版社
CHINA LEGAL PUBLISHING HOUSE

编写说明

随着我国小客车保有量的不断增加，当前我国社会交通机动化特征日趋明显，交通安全违法行为数量持续增加，社会舆论对交通警察执法日常行为的关注度不断增高，交通警察执法工作形势任务日益严峻繁重，执法安全风险和社会舆论风险成为中国交通警察执法过程中所必须防范的两大主要风险。

在新时代，交通警察执法被赋予了新的使命与内涵，其核心是，以更高水平的严格规范执法、公正文明执法维护交通法律法规、化解社会交通矛盾、维护交通警察形象和交通执法舆论安全。一言以概之，就是用更加严格规范、更加公正文明的执法，追求实现交通执法的最佳安全效果、法律效果和社会舆论效果。

针对紧急突发的疑难警情，执法过程中始终保持冷静理性、平和克制，是交通警察以不变应万变的重要执法素养；面对违法嫌疑人无理取闹和各方关注质疑，严格规范执法是有效反击和回应各方关切、确保执法顺利进行和形成有利舆论氛围的重要武器；面对路况复杂、安全保障脆弱的路面执法环境，不断提升执法安全防护意识和严格规范公正文明执法水平，是有效防范执法安全风险、提升执法权威的重要保障。

为了更好地适应当前交通警察执法的特殊形势与要求，我们组织部分公安机关业务骨干、公安院校专业教师、基层优秀交通警察，在充分总结梳理一线执法优秀经验的基础上，编写了《交警执法实务及常见警情处置规范》，以规范执法和有效防范安全风险、舆论风险为出发点，对常见的交通安全违法行为和道路突发事件应急处置操作规程、注意事项、主要法律法规依据以及常见的阻碍交通警察职务行为处置规程进行了总结归纳，不失为各级交通警务培训的重要参考资料和各类公安院校的教学辅导资料。

诚然，由于时间和编者水平能力所限，本书还有很多不足，欢迎广大读者尤其是经验丰富的一线实务工作者批评斧正，共同探讨。

李　文

目　　录

上编　交通警察执勤执法规范

下编　常见阻碍执行职务行为的处置

附录　执勤执法常用文件汇编

上 编

交通警察执勤执法规范

第一章
执法安全防护

第一节 执法安全防护装备

【概念定义】

不同于其他警种，交通警察在执法过程中具有较高的执法装备要求，完善的执法装备既是交通警察良好执法的基本保证，也是交通警察特色执法的主要标志。由于交通警察执法的特殊性，执法安全防护装备不仅包括最基本的日常警务装备，也包括专门用于保护警察人身安全的防护装备，这对保护交通警察的执法安全和人身安全至关重要。

一般来讲，交通警察执法安全防护装备包括以下四部分：一是标准装备，即所有警种在一般执法过程中应具备的警务装备，包括人民警察证件、制服、制式警车、单警执法视音频记录仪（执法记录仪）、手持对讲机或者移动通信工具等；二是专用装备，即交通警察专有的装备，包括多功能反光腰带、带有发光式指挥棒、移动执法终端（执法 POS 机）、呼气式酒精检测仪、车载测速仪、警用文书包、停车示意牌等；三是防护装备，即保护警察执法时人身安全的装备，包括反光背心、反光锥筒、阻车路障、拦车破胎器、盾牌、标志牌、警戒带等；四是约束装备，即对不配合工作甚至具有攻击行为的执法对象使用的约束性装备，主要有警棍、手铐、约束绳（带）、催泪喷射器、伸缩性警棍等。

【操作规程】

1. 按规定着人民警察制服，佩戴人民警察标志，按规定穿反光背心。

2. 持有人民警察证件，佩戴、使用执法记录仪。

3. 驾驶制式警车，系安全带，保持安全车速和车距。巡逻时必须开启警灯，必要时可以打开警报器。驾驶摩托车时，应当戴制式头盔。停车时，必须选择与交通流同方向的安全地点。

4. 设置执勤点时，选择安全和不妨碍车辆通行的地点进行，按规定摆放锥筒、标牌等安全防护设备。

5. 勤转体，多观察，及时发现周边各种交通情况，提高风险防范意识，严防发生交通意外。

6. 发现具有违法嫌疑的驾驶人后，驾车巡逻时，使用喊话器要求对方靠边停车接受检查；定点执勤时，用手势或者指挥棒要求靠边停车接受检查。

7. 在高速公路上，可以通过喊话、鸣警报器、车载显示屏提示等方式，引导车辆到就近服务区或者驶出高速公路接受处罚。情况紧急的，可以引导车辆停至应急车道内进行纠正处罚。

8. 引导违法嫌疑车辆停在警车前方或者用锥筒码放的安全区域，并开启警灯。待车辆完全停止后，警察应站立于驾驶人一侧车门侧后方约 0.5 米处（左侧车门打开半径以外），注意避开车门开启可能撞击的范围，不得贴近车门。

9. 无特殊情况的，一般应要求驾驶人关闭车辆发动机，并离开车辆，出示相关证件。

10. 执法时全程使用执法记录仪，并告知违法嫌疑人，如“为保护您的合法权益，监督我的执法行为，本次执法全程录音录像”。

11. 没有问题的要及时放行，防止车辆长时间滞留导致发生被其他车辆追尾等意外情况。

【注意事项】

1. 在出勤前应当检查安全防护装备是否佩（携）带齐全、有效；出勤或者执行任务完毕后，应当对所携带的装备和使用的车辆及车载装备进行检查，发现损坏或者因故障无法正常使用、影响交通安全的，应当及时维护保养或者更换。

2. 驾驶警用车辆应当严格遵守道路交通安全法律法规，安全文明驾驶。除执行查缉违法犯罪嫌疑人等紧急任务外，严禁超速行驶、违法超车和违反交通信号。在不影响周围群众生产生活的情况下可以开启警报器。

3. 遇雨、雪、雾、霾、沙尘等低能见度天气时，应当开启前照灯、示廓灯和后位灯，雾天应当开启雾灯和危险报警闪光灯。

4. 在公路上临时停放警车时应当开启警灯，根据道路限速，将警车停在处置地点来车方向 50 米至 200 米以外，选择应急车道、路肩、导流带、路侧停车位等不影响道路通行的地点。禁止在行车道、急弯、下坡路段、视线不良地点 、路况复杂地点（路口、隧道、桥梁、涵洞、铁路道口等）及驾驶人视觉死角处站立执勤执法。

5. 锥筒等安全防护设施应在来车方向由远及近、由疏及密连续码放设置，最大间隔不得超过 20 米，并注意与减速提示标志间隔设置，撤除时应由近及远进行。

6. 严禁站在被拦截车辆行车道上直接拦截。查获违法行为后，除特殊情况外，严禁在机动车道上直接处罚纠正违法行为人。

7. 行为、语言必须文明规范，对执法对象的咨询、疑问要耐心解释。

8. 发光指挥棒应包含强光手电，特别是强光手电的六瓣形棘槽可以当作破窗器。有条件的，制式警车内应备有阻车器。

9. 执法记录仪开启后，注意检查显示的日期、时间，确保执法证据的完整性与有效性。不得删减、修改执法记录仪记录的原始声像资料。当天执法活动结束后，及时将执法音频资料交给所属单位保存。

【主要法律、法规依据】

依据一：

《交通警察道路执勤执法工作规范》第二十五条

交通警察在道路上执勤执法应当按照规定穿着制式服装，佩戴人民警察标志。

依据二：

《交通警察道路执勤执法工作规范》第二十六条

交通警察在道路上执勤执法应当配备多功能反光腰带、反光背心、发光指挥棒、警用文书包、对讲机或者移动通信工具等装备，可以选配警务通、录音录像执法装备等，必要时可以配备枪支、警棍、手铐、警绳等武器和警械。

依据三：

《交通警察道路执勤执法工作规范》第二十七条

执勤警用汽车应当配备反光锥筒、警示灯、停车示意牌、警戒带、照相机（或者摄像机）、灭火器、急救箱、牵引绳等装备；根据需要可以配备防弹衣、防弹头盔、简易破拆工具、防化服、拦车破胎器、酒精检测仪、测速仪等装备。

依据四：

《交通警察道路执勤执法工作规范》第二十八条

执勤警用摩托车应当配备制式头盔、停车示意牌、警戒带等装备。

依据五：

《交警系统执法记录仪使用管理规定》第八条

交通警察在道路上对交通违法行为人实施处罚或者采取强制措施、询问交通事故当事人和证人时，应当事先告知对方使用执法记录仪记录，告知的规范用语是：为保护您的合法权益，监督我的执法行为，本次执法全程录音录像。

依据六：

《交通警察道路执勤执法工作规范》第六十九条

交通警察在道路上执勤时应当遵守以下安全防护规定：

（一）穿着统一的反光背心；

（二）驾驶警车巡逻执勤时，开启警灯，按规定保持车速和车距，保证安全。驾驶人、乘车人应当系安全带。驾驶摩托车巡逻时，应当戴制式头盔；

（三）保持信息畅通，服从统一指挥和调度。

依据七：

《交通警察道路执勤执法工作规范》第七十三条

查处违法行为应当遵守以下规定：

（一）除执行堵截严重暴力犯罪嫌疑人等特殊任务外，拦截、检查车辆或者处罚交通违法行为，应当选择不妨碍道路通行和安全的地点进行，并在来车方向设置分流或者避让标志；

（二）遇有机动车驾驶人拒绝停车的，不得站在车辆前面强行拦截，或者脚踏车辆踏板，将头、手臂等伸进车辆驾驶室或者攀扒车辆，强行责令机动车驾驶人停车；

（三）除机动车驾驶人驾车逃跑后可能对公共安全和他人生命安全有严重威胁以外，交通警察不得驾驶机动车追缉，可采取通知前方执勤交通警察堵截，或者记下车号，事后追究法律责任等方法进行处理；

（四）堵截车辆应采取设置交通设施、利用交通信号灯控制所拦截车辆前方车辆停车等非直接拦截方式，不得站立在被拦截车辆行进方向的行车道上拦截车辆。

依据八：

《交警系统执法记录仪使用管理规定》第五条

交通警察在道路上执勤、查处交通违法行为、处理交通事故以及从事驾驶人考试和机动车查验时，应当佩戴、使用执法记录仪进行全程录音录像，客观、真实地记录执勤执法工作情况及相关证据。

依据九：

《道路交通安全违法行为处理程序规定》第七条

交通警察调查违法行为时，应当表明执法身份。

交通警察执勤执法应当严格执行安全防护规定，注意自身安全，在公路上执勤执法不得少于两人。

第二节 执法安全防护措施

【概念定义】

执法安全防护是针对交通警察在道路上执法时人格与人身安全的工作措施要求，既包括交通警察正常执法活动的安全，也包括遇有紧急情况时的安全。紧急情况一般是指执法对象在阻碍交通警察执行职务过程中，针对交通警察采取的暴力、威胁或逃避检查、不配合检查等行为，以及围攻辱骂推搡殴打等情况。具体分为暴力、威胁方法和非暴力方法阻碍交通警察执行职务两种。

以暴力、威胁方法阻碍交通警察执行职务的行为违反了《刑法》，应予以刑事处罚，主要包括：驾车冲撞或拖带交通警察；使用语言威胁或以撕扯、拖拽等方式妨碍执行职务，且具有持续时间较长、引起多人围观等严重情节；打砸警车、故意损毁警用装备或交通设施；以肢体或凶器等工具直接袭击或暴力反抗交通警察控制；以凶器威胁交通警察执行职务等。非暴力方式阻碍交通警察执行职务，违反《治安管理处罚法》、《人民警察法》等法律规定，应当给予行政拘留、罚款等行政处罚，主要包括：公然辱骂侮辱交通警察；在车内关窗锁门、不提交证件等方式不配合检查；纠缠吵闹、抢夺证件；趴警车、钻车底、污损交通警察执行职务时使用的交通工具、器械等物品等。

交通警察执法的安全不仅关系着道路交通的有序与安全，更代表着政府机关的形象和法律制度的威严。近年来，交通警察在执法工作中受到侵害的事情屡屡发生，应当引起高度重视，切实依法采取各种手段保障交通警察的执法安全。

【操作规程】

1. 按规定着人民警察制服，佩戴人民警察标志，按规定穿反光背心。

2. 堵截车辆应采取设置交通设施、利用交通信号灯控制所拦截车辆前方车辆停放等非直接拦截方式，做好必要的风险防范措施。

3. 执法地点选择在人流多且开阔的不影响交通安全的地点，最好有公共监控的位置。引导嫌疑车辆停放在警车前方的非机动车车道靠道路缘石处或其他安全区域，在检查车辆时应注意前后车辆行驶状况。

4. 对驾驶人保持戒备心理，接取证件时应注意驾驶人双手，主要观察现场情况。在站位上，应占据上风位置，与对方保持一米以上的安全距离，并有利于观察驾驶人的举动，预防可能的纠缠或攻击。

5. 如有其他民警或辅警，应站在驾驶人侧方，时刻处于戒备状态，密切注意驾驶人神态和举动。

6. 在制作法律文书时，时刻注意执法对象的行为反应。如有可疑情况，立即喊话警示。

7. 执法对象辱骂甚至侵害民警的，民警应暂停执法，首先保护自身安全、制止不法侵害，立即寻求支援。

8. 选择有利于自己行动的站位，确认执法记录仪正常工作，全方位记录执法对象的违法行为事实，做好证据收集固定。如现场有多名警力，应当安排专人取适当角度拍摄（尽量将当事人及与之交流的警察都摄入镜头中）；单警执法时，应注意记录执法对象言行，在合适时机对围观群众进行面部拍摄，方便事后寻找人证以对视频记录中缺失的环节或情节进行补充。

9. 在支援民警到来之前，对执法对象进行口头警告："你的行为已经构成了阻碍执行职务行为，如不停止将依法处理。"

10. 经警告，执法对象停止辱骂、推搡的，依法处理其道路交通安全违法行为后，对其阻碍执行职务的行为警告教育后放行。

11. 警告无效的，具备现场警力优势的，果断制服执法对象并带离，根据需要可以使用警械。不具备警力优势的，立即向所属单位报告（违法情节、涉及人数等），继续请求警力支援。同时运用语言技巧进行法律解释，防止执法对象煽动群众，授人以柄。不与无关群众发生争辩。

12. 支援警力到达现场后，立即将执法对象与围观群众隔离，徒手制止违法人的侵犯行为，不宜在现场长时间纠缠。

进行口头传唤，并再次警告：将依法使用警械。

13. 拒绝接受传唤的，会同支援民警，立即使用警棍、手铐、约束带、催泪喷射器等警械进行约束。使用催泪喷射器时，根据现场情况，要求无关人员躲避。

14. 制服执法对象后，进行人身安全检查后，迅速带离至远离事发地的单位或地点，避免围观。驾车带离时，可使用警报器以增强威慑性。

15. 注意寻找现场目击证人，收集固定证据。

16. 将执法对象与相关违法证据移交属地治安部门民警处理。

【注意事项】

1. 应当增加安全防护和风险防范意识，注意观察执法对象的情绪变化，发现有暴力袭警苗头时，应当高度警觉。有条件的，应当两个人以上共同执勤执法，可以相互配合，有效控制执法对象，注意分工协作，必要时安排专人负责戒备，防止遭受突然袭击。

2. 要增强对舆情风险的防范意识，保持清醒冷静，注意准确使用法言法语，切忌情绪急躁，语言凌乱，用词不准，举止不端。极度危险时，即刻撤离危险区域、等待救援。

3. 遇有大量群众围观时，应及时疏散。积极主动对围观群众进行简要案情说明，争取大部分群众的理解支持，防止诱发群体性事件或引发无端舆论炒作。

4. 现场处置应以制止违法犯罪行为为限度，尽量减少人员伤亡和财产损失。违法行为人停止违法行为的，民警应立即停止制止措施，但应进行相应约束。使用手铐进行约束时，注意手铐使用松紧程度，避免造成不必要的伤害。

5. 对老人、妇女、儿童、残疾人原则上不得使用警械，应以警告教育为主。

6. 需要制止约束女性执法对象的，应由女民警进行。不宜采取抓扯头发、击打胸部等动作，非使用警械不能制服的，可使用催泪喷射剂；但对携带儿童的女性执法对象不宜使用催泪喷雾剂。

7. 使用催泪喷射器时，应在语言警告的同时打开保险盖摇匀，向执法对象面部喷射，每次喷射1～2秒，每喷射一次后，立即离开原地，并保持安全距离，防止对方进攻。不可帮助目标人擦拭脸部或眼睛，防止感染，应用语言安抚使其冷静。如果目标人1小时后不能恢复正常，应立即送医。在围观人群较多、距离较近的情况下尽量慎用或不用，避免伤及无辜，导致群众不理解。使用催泪喷射器时要注意询问或观察对方是否存在哮喘、过敏等疾病，如对方回答肯定且出现相应状况，应立即使用牛奶、清水清洗，同时呼叫120到场救助。

8. 在城市快速路、主干道及公路上执勤应当由两名以上交通警察或者由一名交通警察带领两名以上交通协管员进行。在雨雪雾及夜间等能见度低和道路条件恶劣的条件下执勤执法，应当有三名以上交通警察或者两名交通警察和两名（含）以上交通协管员进行。公路上的检查提示标志灯防护设备应当距执勤点至少500米，高速公路上的检查提示标志等防护设备应当距执勤点至少2公里以上或者把执勤点设在服务区、停车区或收费站。

9. 遇有机动车拒绝停车的，严禁站在车前强行拦截或者脚踏车辆踏板，将头、手臂等伸进驾驶室或者攀扒阻拦车辆，强行登车。

10. 除驾驶人驾车逃跑后可能对公共安全和他人生命安全有严重威胁外，严禁驾车追缉。可采取通知前方执勤民警堵截或者记下车牌号，事后追究法律责任等方法处理。

11. 一般情况下，严禁在机动车道上直接纠正处罚违法驾驶人。

【主要法律、法规依据】

依据一：

《公安机关人民警察现场制止违法犯罪行为操作规程》第三条

公安民警现场采取处置措施，应当以制止违法犯罪行为为限度，尽量避免和减少人员伤亡、财产损失；使用较轻处置措施足以制止违法犯罪行为的，应当尽量避免使用较重处置措施。

公安民警现场制止违法犯罪行为，应当注意方式方法，避免激化矛盾；发现事态有进一步扩大可能的，应当及时采取相应措施进行妥善处置。

依据二：

《公安机关人民警察现场制止违法犯罪行为操作规程》第八条

公安民警到达处置现场后，应当与所属公安机关保持联络，迅速报告现场情况；接到报告的公安机关应当视情增派警力或者调整警力部署。

现场警力难以有效制止违法犯罪行为时，公安民警应当立即向所属公安机关报告，请求增派警力支援；接到报告的公安机关应当根据现场情况立即增派警力。

增援警力到达现场后，现场公安民警应当立即向增援民警介绍情况，共同进行处置。

依据三：

《公安机关人民警察现场制止违法犯罪行为操作规程》第十二条

公安民警在现场处置过程中，应当依法及时收集、固定有关证据；有条件的，应当对现场处置过程进行录音录像。

依据四：

《公安机关人民警察现场制止违法犯罪行为操作规程》第十五条

对正在以非暴力方式实施违法犯罪行为的，公安民警可以口头制止。

依据五：

《公安机关人民警察现场制止违法犯罪行为操作规程》第十九条

对正在以轻微暴力方式实施违法犯罪行为，尚未严重危及公民或者公安民警人身安全，经警告无效的，公安民警可以徒手制止；情况紧急，来不及警告或者警告后可能导致更为严重危害后果的，可以直接使用徒手制止。

依据六：

《公安机关人民警察现场制止违法犯罪行为操作规程》第二十三条

公安民警遇有《中华人民共和国人民警察使用警械和武器条例》第七条所列危害公共安全、社会秩序、公民人身安全等情形之一，经警告无效的，可以使用警棍、催泪喷射器等驱逐性、制服性警械。

依据七：

《公安机关人民警察现场制止违法犯罪行为操作规程》第二十六条

公安民警应当按照下列程序和方法使用催泪警械：

（一）根据现场情况，要求现场无关人员躲避；

（二）选择上风向站位和安全有效距离，直接向违法犯罪行为人喷射催泪剂；

（三）制服违法犯罪行为人并将其约束后，对有异常反应或者可能引发疾病的，应当及时采取适当措施救治。

依据八：

《中华人民共和国人民警察使用警械和武器条例》第七条第一款第五项

以暴力方法抗拒或者阻碍人民警察依法履行职责的，经警告无效的，可以使用警棍、催泪弹、高压水枪、特种防暴枪等驱逐性、制服性警械。

依据九：

《中华人民共和国人民警察法》第五条

人民警察依法执行职务，受法律保护。

第二章
交通警察现场执法概述

第一节 简易程序处罚

【概念定义】

对道路交通安全违法行为的处罚种类包括：警告、罚款、暂扣或者吊销机动车驾驶证、拘留。道路交通安全违法处罚程序，一般分为简易程序处罚与一般程序处罚两种。

简易程序处罚是主要针对那些违法事实清楚、情节简单的违法行为，行政机关执法人员可以当场处罚的程序，也叫当场处罚程序。对于公安机关交通管理部门及其交通警察来讲，主要是指处以200元以下罚款的处罚适用程序。一般程序是对于案件较为复杂、情节严重的案件，主要适用于对违法人处以200元以上罚款的；对违法人除以暂扣或者吊销驾驶证、拘留处罚的；对单位除以罚款处罚的等情况。

本书中关于交通警察的执法主要是简易程序处罚，交通警察对违法行为人处以警告或者200元以下罚款的，可以适用简易程序作出处罚决定。使用简易程序处罚交通安全违法行为人是交通警察维护道路交通秩序与安全的主要工作手段之一。

罚款是公安机关交通管理部门依照国家有关法律规定，限令违法行为人在一定的期限内向国家交纳一定数额金钱的处罚方式，属于财产罚，是行政处罚中最常见的处罚方式。特别注意的是，200 元的罚款标准仅仅对应单项交通安全违法行为处罚标准，如果违法人同时存在两项以上的违法行为，合并处罚金额超过 200 元，同样适应于简易处罚程序。

警告是指行政机关对公民、法人或者其他组织违反行政管理法规的行为给予谴责和警示，其目的是通过给违法行为人以精神上的惩戒，以申明其有违法行为，使其在精神上产生压力，告诫其不要再犯，否则就要受到更严厉的处罚。交通警察执法中的警告措施主要适用于违法行为轻微、无记分的、未造成影响道路通行和安全的后果且违法行为人已经消除违法状态的。警告属于申诫罚或精神罚，没有对违法人实体权利的剥夺或限制，体现了处罚与教育相结合的原则。

【操作规程】

1. 选择安全站位，避开车门开闭扇形区域，做好必要的风险防范。

2. 向执法对象敬礼，出示人民警察证，表明执法身份。

3. 告知执法对象出示相关证件；使用规范用语：你好！请出示驾驶证、行驶证。

4. 检查机动车驾驶证，对持证人的相貌与驾驶证上的照片进行核对；检查机动车行驶证，对类型、颜色、号牌进行核对；检查检验合格标志、保险标志；查询机动车及执法对象的违法行为信息、执法对象的记分情况；确认执法对象是否存在其他交通安全违法行为。

5. 口头告知执法对象存在的所有交通安全违法行为、拟作出的行政处罚、依据及其依法享有的权利（执法对象人可在警察作出行政处罚之日起 60 日内到作出行政处罚行为的上一级机关申请行政复议或在 6 个月内依法向属地人民法院提起行政诉讼），应当使用规范用语对执法对象说：你有权陈述和申辩。

6. 听取执法对象的陈述和申辩，执法对象提出的事实、理由或者证据成立的，应当采纳。

7. 使用 POS 机制作简易程序处罚决定书，在系统中正确选择对应的车辆类型，通过系统自行识别的车辆信息，核对车主姓名以及车辆识别代码。

8. 将处罚决定书交由执法对象签名确认，执法对象拒绝签名的，应当在处罚决定书上注明。

9. 将处罚决定书当场交付执法对象，执法对象拒收的，在处罚决定书上注明，即为送达；除了对非机动车执法对象当场收取罚款外，告知执法对象 15 日内到指定银行缴纳罚款。

【注意事项】

1. 视现场情况要求执法对象（机动车驾驶人）熄灭发动机或者下车。

2. 检查机动车驾驶证，询问执法对象姓名、出生年月、住址，对持证人的相貌与驾驶证上的照片进行核对。对不能现场提供驾驶证的，应当核实身份信息。

3. 对于当场发现的违法行为，认为情节轻微、未影响道路通行和安全的，口头告知其违法行为的基本事实、依据，向执法对象提出口头警告，纠正违法行为后放行。

4. 对持外埠驾驶证及驾驶证有伪造、变造、冒用等嫌疑的，应与驾驶人身份证进行核对。

5. 对执法对象作出处罚决定后，应当立即交还机动车驾驶证、行驶证等证件，并予以放行。需对车辆或驾驶证件等采取强制措施的，应开具行政强制措施凭证。

6. 处罚决定书（留存联）在二日内报所属公安机关交通管理部门备案。

7. 应当充分听取执法对象的陈述和申辩，不能因执法对象的申辩加重处罚。应将采纳和不采纳情况口头告知执法对象，并说明理由。

8. 对于执法对象出示驾驶证，但拒不交给警察查验的，予以警告：拒绝查验将按照无证驾驶处理。警告无效的，按照无证驾驶，扣留机动车、传唤执法对象到执法单位接受处理，避免现场纠缠。

9. 简易程序，可以由一名交通警察作出。

【主要法律、法规依据】

依据一：

《中华人民共和国道路交通安全法》第八十七条第一款

公安机关交通管理部门及其交通警察对道路交通安全违法行为，应当及时纠正。

依据二：

《中华人民共和国道路交通安全法》第八十八条

对道路交通安全违法行为的处罚种类包括：警告、罚款、暂扣或者吊销机动车驾驶证、拘留。

依据三：

《中华人民共和国道路交通安全法》第一百零七条第一款

对道路交通违法行为人予以警告、二百元以下罚款，交通警察可以当场作出行政处罚决定，并出具行政处罚决定书。

依据四：

《中华人民共和国道路交通安全法实施条例》第一百零八条

交通警察按照简易程序当场作出行政处罚的，应当告知当事人道路交通安全违法行为的事实、处罚的理由和依据，并将行政处罚决定书当场交付被处罚人。

依据五：

《中华人民共和国道路交通安全法实施条例》第一百一十条

当事人对公安机关交通管理部门及其交通警察的处罚有权进行陈述和申辩，交通警察应当充分听取当事人的陈述和申辩，不得因当事人陈述、申辩而加重其处罚。

依据六：

《中华人民共和国行政处罚法》第五条

实施行政处罚，纠正违法行为，应当坚持处罚与教育相结合，教育公民、法人或者其他组织自觉守法。

依据七：

《中华人民共和国居民身份证法》第十五条第一款第一项

人民警察依法执行职务，遇有下列情形之一的，经出示执法证件，可以查验居民身份证：

（一）对有违法犯罪嫌疑的人员，需要查明身份的；

依据八：

《道路交通安全违法行为处理程序规定》第四十条第一款

交通警察对于当场发现的违法行为，认为情节轻微、未影响道路通行和安全的，口头告知其违法行为的基本事实、依据，向违法行为人提出口头警告，纠正违法行为后放行。

依据九：

《交通警察道路执勤执法工作规范》第七条

检查涉嫌有违法行为的机动车驾驶人的机动车驾驶证、行驶证时，交通警察应当使用的规范用语是：你好！请出示驾驶证、行驶证。

依据十：

《交通警察道路执勤执法工作规范》第十条

对机动车驾驶人给予当场罚款或者采取行政强制措施时，交通警察应当使用的规范用语是：你的（列举具体违法行为）违反了道路交通安全法律法规，依据《道路交通安全法》第XX条和《道路交通安全法实施条例》第XX条（或XX地方法规）的规定，对你处以XX元的罚款，记XX分（或者扣留你的驾驶证/机动车）。

依据十一：

《交通警察道路执勤执法工作规范》第四十二条

交通警察查处机动车驾驶人的违法行为，应当按下列程序执行：

（一）向机动车驾驶人敬礼；

（二）指挥机动车驾驶人立即靠边停车，可以视情要求机动车驾驶人熄灭发动机或者要求其下车；

（三）告知机动车驾驶人出示相关证件；

（四）检查机动车驾驶证，询问机动车驾驶人姓名、出生年月、住址，对持证人的相貌与驾驶证上的照片进行核对；检查机动车行驶证，对类型、颜色、号牌进行核对；检查检验合格标志、保险标志；查询机动车及机动车驾驶人的违法行为信息、机动车驾驶人记分情况；

（五）指出机动车驾驶人的违法行为；

（六）听取机动车驾驶人的陈述和申辩；

（七）给予口头警告、制作简易程序处罚决定书、违法处理通知书或者采取行政强制措施。

依据十二：

《公安机关办理行政案件程序规定》第三十六条第一款第一项

送达法律文书，应当遵守下列规定：

（一）依照简易程序作出当场处罚决定的，应当将决定书当场交付被处罚人，并由被处罚人在备案的决定书上签名或者捺指印；被处罚人拒绝的，由办案人民警察在备案的决定书上注明；

依据十三：

《公安机关办理行政案件程序规定》第三十七条第一款第一项

违法事实确凿，且具有下列情形之一的，人民警察可以当场作出处罚决定，有违禁品的，可以当场收缴：

（一）对违反治安管理行为人或者道路交通违法行为人处二百元以下罚款或者警告的；

依据十四：

《公安机关办理行政案件程序规定》第三十九条

适用简易程序处罚的，可以由人民警察一人作出行政处罚决定。

人民警察当场作出行政处罚决定的，应当于作出决定后的二十四小时内将当场处罚决定书报所属公安机关备案，交通警察应当于作出决定后的二日内报所属公安机关交通管理部门备案。在旅客列车、民航飞机、水上作出行政处罚决定的，应当在返回后的二十四小时内报所属公安机关备案。

依据十五：

《道路交通安全违法行为处理程序规定》第九条

交通警察调查违法行为时，应当查验机动车驾驶证、行驶证、机动车号牌、检验合格标志、保险标志等牌证以及机动车和驾驶人违法信息。对运载爆炸物品、易燃易爆化学物品以及剧毒、放射性等危险物品车辆驾驶人违法行为调查的，还应当查验其他相关证件及信息。

依据十六：

《道路交通安全违法行为处理程序规定》第十条

交通警察查验机动车驾驶证时，应当询问驾驶人姓名、住址、出生年月并与驾驶证上记录的内容进行核对；对持证人的相貌与驾驶证上的照片进行核对。必要时，可以要求驾驶人出示居民身份证进行核对。

依据十七：

《道路交通安全违法行为处理程序规定》第四十二条

适用简易程序处罚的，可以由一名交通警察作出，并应当按照下列程序实施：

（一）口头告知违法行为人违法行为的基本事实、拟作出的行政处罚、依据及其依法享有的权利；

（二）听取违法行为人的陈述和申辩，违法行为人提出的事实、理由或者证据成立的，应当采纳；

（三）制作简易程序处罚决定书；

（四）处罚决定书应当由被处罚人签名、交通警察签名或者盖章，并加盖公安机关交通管理部门印章；被处罚人拒绝签名的，交通警察应当在处罚决定书上注明；

（五）处罚决定书应当当场交付被处罚人；被处罚人拒收的，由交通警察在处罚决定书上注明，即为送达。

交通警察应当在二日内将简易程序处罚决定书报所属公安机关交通管理部门备案。

依据十八：

《中华人民共和国行政处罚法》第三十一条

行政机关在作出行政处罚决定之前，应当告知当事人作出行政处罚决定的事实、理由及依据，并告知当事人依法享有的权利。

依据十九：

《中华人民共和国行政处罚法》第三十四条

执法人员当场作出行政处罚决定的，应当向当事人出示执法身份证件，填写预定格式、编有号码的行政处罚决定书。行政处罚决定书应当当场交付当事人。

前款规定的行政处罚决定书应当载明当事人的违法行为、行政处罚依据、罚款数额、时间、地点以及行政机关名称，并由执法人员签名或者盖章。

执法人员当场作出的行政处罚决定，必须报所属行政机关备案。

第二节　行政强制措施

【概念定义】

行政强制措施，是指行政主体为了预防或制止可能发生或正在发生的违法行为，或者为了保全证据，确保案件查处的顺利进行而对行政管理相对人的人身自由或者财产予以强制限制的一种具体行政行为。

公安交通管理行政强制措施，是公安机关交通管理部门为了保障道路交通管理的顺利进行，确保对道路交通安全违法行为的处罚，通过依法采取强制手段迫使拒不履行道路交通管理法律、法规义务的相对方履行义务或者达到履行义务的相同状态；或者出于维护道路交通秩序或保护公民人身安全的需要，对相对方的人身或财产采取的紧急性、即时性的强制措施的具体行政行为的总和。

行政强制措施一般是处理手段而不是最终处理结果或制裁行为，只是暂时限制相对人的某些权利。在执法程序上，行政强制措施是在发现其他违法行为后进行纠正处罚过程中依照法律规定采取的必要措施，属于执法情形的嬗变，也是执法成本的增加，因此交通警察在执法环节中应特别注意行为的规范性。公安机关交通管理部门及其交通警察在执法过程中，依法采取的行政强制措施有：扣留车辆；扣留机动车驾驶证；拖移机动车；检验体内酒精、国家管制的精神药品、麻醉药品含量；收缴物品；法律法规规定的其他行政强制措施（按照《行政强制法》的规定，约束至酒醒属于行政强制措施）。

扣留机动车主要适用于未悬挂号牌，无证驾驶，机动车号牌、行驶证、驾驶证、检验合格标志存在伪造、变造嫌疑等违法行为；扣留非机动车主要适用于当事人拒绝接受罚款处罚的情形。

扣留驾驶证主要适用于酒后驾驶，驾驶证累计记满 12 分，驾驶拼装车、报废车上道路行驶，将车辆交给未取得驾驶证或者驾驶证被吊销、暂扣的人驾驶等情形。

【操作规程】

1. 出示人民警察证，表明执法身份。

2. 口头告知执法对象（违法行为人或者机动车所有人、管理人）违法行为的基本事实、拟作出行政强制措施的种类、依据及其依法享有的权利、救济途径。

3. 听取执法对象的陈述和申辩，执法对象提出的事实、理由或者证据成立的，应当采纳。

4. 收取执法对象的应扣证件或车辆钥匙，收缴执法对象非法安装的装备。使用执法 POS 机制作公安交通管理行政强制措施凭证。在此过程中，由于处于执法矛盾的对立阶段，必须切实加强各种风险防范。

5. 询问执法对象是否有异议，在行政强制措施凭证上“当事人对本凭证记载内容有无异议”后填上“有/无”，如果当事人拒绝签名的，在行政强制措施凭证上的“备注”后面注明情况。

6. 将行政强制措施凭证（当事人联）当场交付执法对象，告知执法对象妥善保管，作为接受处理及取消对其车辆、驾驶证等强制措施时所应持有的唯一有效法律文书，并在十五日内携带规定的材料到指定地点接受调查处理。执法对象拒收的，由警察在行政强制措施凭证上注明，即为送达。

7. 及时将扣留车辆、证件、收缴的装备及行政强制措施凭证（存档联）等相关文书材料移交所属单位。

8. 对于被实施约束至酒醒的执法对象，立即通知其家属或实施约束的单位、地点和期限，并书面记录通知家属情况。确认醉酒的执法对象酒醒后，立即解除约束，并制作约束工作记录，由民警和执法对象签名。

9. 对于需要抽血检测的执法对象，立即通知其家属或其要求通知的人员，并在工作记录或笔录中注明被通知人员姓名、联系电话。不提供联系方式或其他方法无法通知的，也应当注明。

【注意事项】

1. 现场采取行政强制措施的，一般由两名具有执法资格的警察实施，特殊情况下可以由一名警察实施，但应当在二十四小时内向所在部门负责人报告，并同时将行政强制措施凭证交所属部门统一收取、登记和保存。

2. 扣留机动车和驾驶证只能由公安机关交通管理部门实施。依法扣留车辆时，不得扣留车辆所载货物，并应当提醒机动车驾驶人妥善处置车辆所载货物。

3. 执法对象无法自行处理或者能够自行处理但拒绝自行处理的，警察应当在行政强制措施凭证上注明，登记货物明细并妥善保管。货物明细应当由警察、执法对象签名，有见证人的，还应当由见证人签名。执法对象拒绝签名的，警察应当在货物登记明细上注明。

4. 对存在上道路行驶的机动车未放置检验合格标志、保险标志，或者未随车携带行驶证、驾驶证，经当场核实有有效检验合格标志、保险标志、行驶证、驾驶证的；公路客运车辆超过额定乘员或者违反规定载货，货运机动车超过核定载质量或者违反规定载客，能够当场消除违法状态的情形的，可以不予扣留车辆。

5. 对执法对象采取行政强制措施一般都是针对道路交通安全违法行为人，但是在个别情况下，由于违法行为人无法在短时间内查明，则需要对机动车所有人或者管理人采取强制措施。因此，此时的告知对象是机动车的所有人或管理人。

6. 执法对象就违法行为进行必要的解释、陈述、申辩，但不能影响交通警察的正常工作，更不能无理取闹、寻衅滋事，妨碍正常交通秩序，否则按照阻碍执行职务处理。采取处置措施前，应当表明身份并出示执法证件，情况紧急来不及出示执法证件的，应当先表明身份，并在处置过程中出示执法证件。着制式警服执行职务的，可以不出示执法证件。

7. 交通警察认为应当给予暂扣或者吊销机动车驾驶证处罚的，可以先予以扣留机动车驾驶证。

8. 执法对象提出享有外交特权与豁免的，并能出示有效的证明身份证件的，不得采取行政强制措施，无法现场出示的，告知执法对象自行联系使馆证明身份，不能提供的，视为不享有外交特权与豁免，依法采取行政强制措施。

9. 对于使、领馆车辆，不得扣留、不得进入车内，不得触碰国旗。

10. 约束至酒醒是一种保护性约束的强制措施，应当使用警绳或约束带，不得使用手铐、脚镣等警械，约束时不得故意造成执法对象人身伤害。约束全程录音录像，做好必要的风险防范。

【主要法律、法规依据】

依据一：

《道路交通安全违法行为处理程序规定》第二十二条

公安机关交通管理部门及其交通警察在执法过程中，依法可以采取下列行政强制措施：

（一）扣留车辆；

（二）扣留机动车驾驶证；

（三）拖移机动车；

（四）检验体内酒精、国家管制的精神药品、麻醉药品含量；

（五）收缴物品；

（六）法律、法规规定的其他行政强制措施。

依据二：

《道路交通安全违法行为处理程序规定》第二十三条

采取本规定第二十二条第（一）、（二）、（四）、（五）项行政强制措施，应当按照下列程序实施：

（一）口头告知违法行为人或者机动车所有人、管理人违法行为的基本事实、拟作出行政强制措施的种类、依据及其依法享有的权利；

（二）听取当事人的陈述和申辩，当事人提出的事实、理由或者证据成立的，应当采纳；

（三）制作行政强制措施凭证，并告知当事人在十五日内到指定地点接受处理；

（四）行政强制措施凭证应当由当事人签名、交通警察签名或者盖章，并加盖公安机关交通管理部门印章；当事人拒绝签名的，交通警察应当在行政强制措施凭证上注明；

（五）行政强制措施凭证应当当场交付当事人；当事人拒收的，由交通警察在行政强制措施凭证上注明，即为送达。

现场采取行政强制措施的，可以由一名交通警察实施，并在二十四小时内将行政强制措施凭证报所属公安机关交通管理部门备案。

依据三：

《道路交通安全违法行为处理程序规定》第二十五条

有下列情形之一的，依法扣留车辆：

（一）上道路行驶的机动车未悬挂机动车号牌，未放置检验合格标志、保险标志，或者未随车携带机动车行驶证、驾驶证的；

（二）有伪造、变造或者使用伪造、变造的机动车登记证书、号牌、行驶证、检验合格标志、保险标志、驾驶证或者使用其他车辆的机动车登记证书、号牌、行驶证、检验合格标志、保险标志嫌疑的；

（三）未按照国家规定投保机动车交通事故责任强制保险的；

（四）公路客运车辆或者货运机动车超载的；

（五）机动车有被盗抢嫌疑的；

（六）机动车有拼装或者达到报废标准嫌疑的；

（七）未申领《剧毒化学品公路运输通行证》通过公路运输剧毒化学品的；

（八）非机动车驾驶人拒绝接受罚款处罚的。

对发生道路交通事故，因收集证据需要的，可以依法扣留事故车辆。

依据四：

《道路交通安全违法行为处理程序规定》第二十九条

有下列情形之一的，依法扣留机动车驾驶证：

（一）饮酒后驾驶机动车的；

（二）将机动车交由未取得机动车驾驶证或者机动车驾驶证被吊销、暂扣的人驾驶的；

（三）机动车行驶超过规定时速百分之五十的；

（四）驾驶有拼装或者达到报废标准嫌疑的机动车上道路行驶的；

（五）在一个记分周期内累积记分达到十二分的。

依据五：

《道路交通安全违法行为处理程序规定》第四十六条

适用一般程序作出处罚决定，应当由两名以上交通警察按照下列程序实施：

（一）对违法事实进行调查，询问当事人违法行为的基本情况，并制作笔录；当事人拒绝接受询问、签名或者盖章的，交通警察应当在询问笔录上注明；

（二）采用书面形式或者笔录形式告知当事人拟作出的行政处罚的事实、理由及依据，并告知其依法享有的权利；

（三）对当事人陈述、申辩进行复核，复核结果应当在笔录中注明；

（四）制作行政处罚决定书；

（五）行政处罚决定书应当由被处罚人签名，并加盖公安机关交通管理部门印章；被处罚人拒绝签名的，交通警察应当在处罚决定书上注明；

（六）行政处罚决定书应当当场交付被处罚人；被处罚人拒收的，由交通警察在处罚决定书上注明，即为送达；被处罚人不在场的，应当依照《公安机关办理行政案件程序规定》的有关规定送达。

依据六：

《中华人民共和国道路交通安全法》第二十四条第一款

公安机关交通管理部门对机动车驾驶人违反道路交通安全法律、法规的行为，除依法给予行政处罚外，实行累积记分制度。公安机关交通管理部门对累积记分达到规定分值的机动车驾驶人，扣留机动车驾驶证，对其进行道路交通安全法律、法规教育，重新考试；考试合格的，发还其机动车驾驶证。

依据七：

《中华人民共和国道路交通安全法》第八十九条

非机动车驾驶人拒绝接受罚款处罚的，可以扣留其非机动车。

依据八：

《中华人民共和国道路交通安全法》第九十二条第一款至第三款

公路客运车辆载客超过额定乘员的，处二百元以上五百元以下罚款；超过额定乘员百分之二十或者违反规定载货的，处五百元以上二千元以下罚款。

货运机动车超过核定载质量的，处二百元以上五百元以下罚款；超过核定载质量百分之三十或者违反规定载客的，处五百元以上二千元以下罚款。

有前两款行为的，由公安机关交通管理部门扣留机动车至违法状态消除。

依据九：

《中华人民共和国道路交通安全法》第九十五条第一款

上道路行驶的机动车未悬挂机动车号牌，未放置检验合格标志、保险标志，或者未随车携带行驶证、驾驶证的，公安机关交通管理部门应当扣留机动车，通知当事人提供相应的牌证、标志或者补办相应手续，并可以依照本法第九十条的规定予以处罚。当事人提供相应的牌证、标志或者补办相应手续的，应当及时退还机动车。

依据十：

《中华人民共和国道路交通安全法》第九十六条第一款至第三款

伪造、变造或者使用伪造、变造的机动车登记证书、号牌、行驶证、驾驶证的，由公安机关交通管理部门予以收缴，扣留该机动车，处十五日以下拘留，并处二千元以上五千元以下罚款；构成犯罪的，依法追究刑事责任。

伪造、变造或者使用伪造、变造的检验合格标志、保险标志的，由公安机关交通管理部门予以收缴，扣留该机动车，处十日以下拘留，并处一千元以上三千元以下罚款；构成犯罪的，依法追究刑事责任。

使用其他车辆的机动车登记证书、号牌、行驶证、检验合格标志、保险标志的，由公安机关交通管理部门予以收缴，扣留该机动车，处二千元以上五千元以下罚款。

依据十一：

《中华人民共和国道路交通安全法》第一百条第一款

驾驶拼装的机动车或者已达到报废标准的机动车上道路行驶的，公安机关交通管理部门应当予以收缴，强制报废。

依据十二：

《中华人民共和国道路交通安全法》第一百一十条第一款

执行职务的交通警察认为应当对道路交通违法行为人给予暂扣或者吊销机动车驾驶证处罚的，可以先予扣留机动车驾驶证，并在二十四小时内将案件移交公安机关交通管理部门接受处理。

依据十三：

《中华人民共和国道路交通安全法》第一百一十二条第一款

公安机关交通管理部门扣留机动车、非机动车，应当当场出具凭证，并告知当事人在规定期限内到公安机关交通管理部门接受处理。

第三章
常见道路违法行为处理规程

第一节 查处酒后驾驶

【概念定义】

酒后驾驶是指当事人饮酒后驾驶机动车的交通安全违法行为，判定标准是驾驶人血液酒精含量达到或超过国家规定的20mg/100ml的阈值，这与驾驶人饮酒数量及酒后时间没有直接关系。驾驶人血液酒精含量达到或超过80mg/100ml的阈值即构成醉酒驾驶，成为危险驾驶罪的一种具体犯罪形式。在执法工作中，酒后驾驶一般以交通警察现场呼吸式酒精检测结果为依据，醉酒驾驶则以医护人员抽取静脉血检验结果为依据。查处酒后驾驶主要是指使交通警察使用呼气式酒精检测仪对发现的可疑机动车驾驶人进行酒精检测，并利用执法POS机进行现场处罚。

对于酒后驾驶行为，罚款1000～2000元、记12分、暂扣驾驶证6个月；对于饮酒后驾驶营运机动车行为，罚款5000元、记12分、拘留15日以下，并且5年内不得重新获得驾驶证。因饮酒后驾驶机动车被处罚，再次饮酒后驾驶机动车的，罚款1000～2000元，拘留十日以下，并吊销机动车驾驶证。对于醉酒驾驶行为，由公安机关交通管理部门约束至酒醒后予以刑事拘留，并吊销机动车驾驶证，五年内不得重新取得机动车驾驶证，最后由法院判处拘役并处罚金。

【操作规程】

1. 发现有酒后驾驶嫌疑的，应提高风险防范意识，检查风险防范措施后，及时指挥执法对象（机动车驾驶人）立即靠路边停车，熄灭发动机，接受检查。

2. 要求执法对象出示驾驶证、行驶证，下车接受呼气式酒精检测。

3. 告知执法对象接受检查的注意事项，监督执法对象规范配合检查，执法对象违反检验要求的，应当场重新检验。

4. 对确认没有酒后驾驶行为的执法对象，立即放行。

5. 确认酒后驾驶的，应当告知执法对象检验结果，并展示显示结果，要求其在打印的酒精检测单上签名。

6. 执法对象对检验结果提出异议的，应当在一小时之内进行血液酒精检测。抽取血样应由医务人员按要求进行，将血样装入专用密封袋，由被抽血人、警察和医务人员分别签名或盖章。

7. 对因酒后行为失控或者拒绝配合检验的，可以使用约束带或者警绳等约束性警械，并强制进行血液检验。在提取检验的验材后，如果没有行为失控的情况，应及时解除约束。

8. 利用公安网信息系统核实执法对象的身份、驾驶资格、所驾车辆情况，现场制作询问笔录。

9. 通过无线执法 POS 机制作处罚决定书并送达执法对象，扣留驾驶人驾驶证。

10. 禁止执法对象继续驾驶车辆，对于现场没有其他驾驶人代替驾驶的，将机动车移至不妨碍交通的地点或者有关部门指定停车场存放，并告知执法对象。

11. 对于执法对象拒不下车接受检查的，使用执法记录仪或者摄像机摄录机动车号牌、特征、执法对象面部特征等信息，采用警车合围或放置破胎器并在车前后摆放反光锥筒等方法防止车辆逃逸。避开车门开闭扇形区域，依法进行警告，责令执法对象下车接受检查。经警告 3 次以上无效的，在请示所属单位领导后，可采用警棍、警用手电、安全锤等工具破窗。

12. 车门打开后，迅速控制执法对象，及时进行呼气式体内酒精含量检测，执法对象不配合的或对结果有异议的，口头传唤到公安机关。拒不接受口头传唤的，可强制传唤，徒手将其制服，对人身和车辆安全检查后带离现场。

13. 对执法对象进行血液检验的，开具《公安交通管理行政强制措施凭证扣留》，并注明“血液检测”强制措施。

【注意事项】

1. 呼气式酒精检测仪应当符合国家标准并依法检定合格，并保持功能有效。使用主动测试模式时，吹管要一人一换。

2. 检测过程要全程录像，录像中要能清晰显示执法对象面貌、吹气过程以及检测结果。

3. 对同一执法对象只能进行一次有效的呼气检测，并以该次检测结果作为酒后驾驶认定依据，严禁对同一执法对象频繁进行呼气酒精检测。

4. 要保证检测记录单各项数据的清晰，询问笔录制作字迹要清楚，内容要全面。

5. 对于通过呼气式酒精检测结果为醉酒的执法对象，应当采取血液检验的方式确定体内酒精的含量。如果驾驶车辆发生交通事故，呼气式检测结果为酒后的，还需采取血液检验的方式确定体内酒精的含量。

6. 检验执法对象体内酒精，应通知其家属或者其要求通知的人员，但无法通知或者执法对象拒不提供的除外，但应在行政强制措施凭证上注明。

7. 检验执法对象血液酒精含量由不少于2名交通警察带至县级以上医院，或通知县级以上医院救护人员到现场或者交通队执法办案中心提取血液，血液样本不少于两份，每份不少于3ml。对抽血过程全程监督进行录像记录。

8. 执法对象在接受检查前当场饮酒的可以认定为阻碍国家机关工作人员依法执行职务，移交治安部门按照《治安管理处罚法》处理，并带其至医疗机构进行血液检验，血检结果达到认定标准的，依法处罚。

9. 执法对象拒绝在酒精检测单上签名的，经询问对酒精检测结果无异议，警察要在询问笔录上注明有关情况，并在酒精检测单上注明执法对象拒绝签名后，可以直接认定酒后驾车违法事实。

10. 执法对象将自己反锁在车内拒绝接受检查的，认定为阻碍国家机关工作人员依法执行职务，移交治安部门按照《治安管理处罚法》处理。

11. 在破窗时，应首选无驾驶人和乘车人的位置，避免人员受伤，并观察车窗是否有贴膜，从边角开始敲击，注意敲击力度和角度，避免车窗碎裂伤人。

12. 如果执法对象只是言语粗鲁没有暴力动作，一般不适用约束措施，不能使用手铐、脚镣等警械。注意约束过程中的看护工作，出现紧急情况及时处理，一旦确认执法对象酒醒，应当立即解除约束。

13. 强制传唤执法对象的，应在24小时内补办相应手续。

14. 现场处罚必须为两名警察，全程使用执法记录仪。切忌不能站在被查车辆的正前方，警察之间做好合理分工，一名负责检查，一名负责侧面观察防范。

15. 执法对象有代驾人员的，必须核实代驾人员是否具有合法的驾驶资格，确保涉案车辆安全。

16. 执法对象的举止因受到酒精的影响，对警察及周围群众的危险性较大，警察必须强化风险防范意识，不仅确保自身与群众安全，还需注意保护执法对象的安全。

【主要法律、法规依据】

依据一：

《车辆驾驶人员血液、呼气酒精含量阈值与检验》（GB19522－2010）

饮酒后驾车人员血液酒精含量阈值大于或等于20mg/100ml并小于80mg/100ml，醉酒后驾车人员血液酒精含量阈值为大于或等于。

依据二：

《中华人民共和国道路交通安全法》第九十一条第一款

饮酒后驾驶机动车的，处暂扣六个月机动车驾驶证，并处一千元以上二千元以下罚款。因饮酒后驾驶机动车被处罚，再次饮酒后驾驶机动车的，处十日以下拘留，并处一千元以上二千元以下罚款，吊销机动车驾驶证。

依据三：

《中华人民共和国道路交通安全法实施条例》第一百零四条第三项

机动车驾驶人有下列行为之一，又无其他机动车驾驶人即时替代驾驶的，公安机关交通管理部门除依法给予处罚外，可以将其驾驶的机动车移至不妨碍交通的地点或者有关部门指定的地点停放：

（三）饮酒、服用国家管制的精神药品或者麻醉药品、患有妨碍安全驾驶的疾病，或者过度疲劳仍继续驾驶的；

依据四：

《中华人民共和国道路交通安全法实施条例》第一百零五条

机动车驾驶人有饮酒、醉酒、服用国家管制的精神药品或者麻醉药品嫌疑的，应当接受测试、检验。

依据五：

《中华人民共和国刑法》第一百三十三条之一第一款第二项

在道路上驾驶机动车，有下列情形之一的，处拘役，并处罚金：

（二）醉酒驾驶机动车的；

依据六：

《公安机关办理行政案件程序规定》第五十八条

违法嫌疑人在醉酒状态中，对本人有危险或者对他人的人身、财产或者公共安全有威胁的，可以对其采取保护性措施约束至酒醒，也可以通知其家属、亲友或者所属单位将其领回看管，必要时，应当送医院醒酒。对行为举止失控的醉酒人，可以使用约束带或者警绳等进行约束，但是不得使用手铐、脚镣等警械。

约束过程中，应当指定专人严加看护。确认醉酒人酒醒后，应当立即解除约束，并进行询问。约束时间不计算在询问查证时间内。

依据七：

《公安机关办理行政案件程序规定》第九十五条

对有酒后驾驶机动车嫌疑的人，应当对其进行呼气酒精测试，对具有下列情形之一的，应当立即提取血样，检验血液酒精含量：

（一）当事人对呼气酒精测试结果有异议的；

（二）当事人拒绝配合呼气酒精测试的；

（三）涉嫌醉酒驾驶机动车的；

（四）涉嫌饮酒后驾驶机动车发生交通事故的。

当事人对呼气酒精测试结果无异议的，应当签字确认。事后提出异议的，不予采纳。

依据八：

《道路交通安全违法行为处理程序规定》第三十三条

车辆驾驶人有下列情形之一的，应当对其检验体内酒精、国家管制的精神药品、麻醉药品含量：

（一）对酒精呼气测试等方法测试的酒精含量结果有异议的；

（二）涉嫌饮酒、醉酒驾驶车辆发生交通事故的；

（三）涉嫌服用国家管制的精神药品、麻醉药品后驾驶车辆的；

（四）拒绝配合酒精呼气测试等方法测试的。

对酒后行为失控或者拒绝配合检验的，可以使用约束带或者警绳等约束性警械。

依据九：

《道路交通安全违法行为处理程序规定》第三十四条

检验车辆驾驶人体内酒精、国家管制的精神药品、麻醉药品含量的，应当按照下列程序实施：

（一）由交通警察将当事人带到医疗机构进行抽血或者提取尿样；

（二）公安机关交通管理部门应当将抽取的血液或者提取的尿样及时送交有检验资格的机构进行检验，并将检验结果书面告知当事人。

检验车辆驾驶人体内酒精、国家管制的精神药品、麻醉药品含量的，应当通知其家属，但无法通知的除外。

依据十：

《关于办理醉酒驾驶机动车刑事案件适用法律若干问题的意见》第五条

公安机关在查处醉酒驾驶机动车的犯罪嫌疑人时，对查获经过、呼气酒精含量检验和抽取血样过程应当制作记录；有条件的，应当拍照、录音或者录像；有证人的，应当收集证人证言。

依据十一：

《关于办理醉酒驾驶机动车刑事案件适用法律若干问题的意见》第六条

血液酒精含量检验鉴定意见是认定犯罪嫌疑人是否醉酒的依据。犯罪嫌疑人经呼气酒精含量检验达到本意见第一条规定的醉酒标准，在抽取血样之前脱逃的，可以以呼气酒精含量检验结果作为认定其醉酒的依据。

犯罪嫌疑人在公安机关依法检查时，为逃避法律追究，在呼气酒精含量检验或者抽取血样前又饮酒，经检验其血液酒精含量达到本意见第一条规定的醉酒标准的，应当认定为醉酒。

第二节　查处违法停车

【概念定义】

违法停车，广义上指驾驶人违反道路交通安全管理法律、法规，将机动车停放在公安机关交管部门依法设置的道路停车泊位以外的道路范围内的行为，包括违反禁止停车管理规定停车与不按规定停车两种行为。违反禁止停车管理规定停车是在设有禁止停车标志（标线）、禁止长时停车标志（标线）的地点及导流线、网状线区域违法停车的行为。禁止停车标志（标线）表示在限定的范围内，禁止一切车辆停放。禁止长时停车标志（标线）表示在限定的范围内，禁止一切车辆长时停、放，临时停车不受限制。临时停车指车辆上下客或装卸货等，且驾驶人在车内或车旁守候。导流线表示车辆需按规定的路线行驶，不得压线或越线行驶。网状线用以标示禁止因任何原因停车的区域，视需要划设于易发生临时停车造成堵塞的交叉路口、出入口及其他需要设置的位置。不按规定停车指在上述地点之外的地点且没有在公安机关交通管理部门依法设置的道路停车位以外的道路范围内的行为，并且妨碍了交通的正常通行，包括没有按规定的停车方位、停车方式依次停放。

在具体处理方式上，有粘贴违法停车告知单、当场处罚和拖移机动车三种处理方式，其中粘贴违法停车告知单一般适用于驾驶人不在车辆附近并且没有严重影响正常交通的违法停车行为，通过书面通知驾驶人或所有人到执法机关接受调查处理的一种处理方式；当场处罚一般适用于驾驶人在现场并且拒绝驶离的违法停车行为；拖移机动车是公安机关交通管理部门及其交通警察依法对符合条件的机动车进行拖移，停放于不妨碍交通的地点或者有关部门指定地点的行政强制措施，一般适用于无法找到驾驶人或所有人，但停车行为已经严重影响正常交通的违法停车行为。

【操作规程】

1. 违法停车的驾驶人在现场的，应当指出违法行为，口头警告，责令其驶离。

2. 驾驶人不在现场的，对其他车辆、行人通行影响不大的，在机动车驾驶室侧门玻璃上张贴违法停车告知单，采取拍照或者录像方式固定相关证据，并进行必要的风险防范。

3. 张贴《违法停车告知单》后，车辆驾驶人回到现场能够主动驶离的，适用口头警告。已造成影响交通后果的，按简易程序当场给予处罚。

4. 驾驶人不在现场，且严重妨碍其他车辆、行人通行的，应当使用拖车将机动车移至不妨碍交通的地点或者有关部门指定的地点停放，并制作《公安交通管理行政强制措施凭证》。

5. 在车辆的停放位置，用白色粉笔写下拖车查询电话及处理地点。

6. 驾驶人虽在现场但拒绝立即驶离的，应当使用照相、摄录设备取证，要求驾驶人出示驾驶证、行驶证，依法现场处罚。

7. 在高速公路上发现违法停车的，责令驶离，发生故障或驾驶人不在现场的，立即联系清障车拖移机动车至指定地点，无法拖移的，按照规定设置警告标志。

8. 实施拖移后，及时将《违法停车告知单》和《公安交通管理行政强制措施凭证》连同证据材料移交给所属大队。

【注意事项】

1. 查处违法停车行为应当使用照相、摄录设备、清障车等装备。立即驶离是指交通警察命令其立即驶离时，驾驶人不附加任何条件地按交通警察指示立即驾驶车辆驶离禁止停车的路段。驾驶人不在现场是指当交通警察在处理违法停车行为时，驾驶人不在机动车违法停车的现场，无法立即驶离，将妨碍其他车辆行人通行的情形。

2. 拖移机动车不得向执法对象收取费用，要采取适当的防护措施，避免造成机动车损坏并通过拍照、录像等方式固定证据。如果因采取不当的拖车方法，造成损坏的，应依法承担补偿责任。如果采取了正确的拖车方法，依然造成损坏的，则不承担补偿责任。

3. 机动车在高速公路上发生故障停在应急车道内未开启危险报警闪光灯的，不属于违反停车的规定，可以按照“机动车发生故障，未按规定开启危险报警闪光灯”的违法行为实施处罚。

4. 路口的范围一般以停止线及其延长线划定的范围作为界定

标准。

5. 车辆逆向停在路侧停车位内，驾驶人在车内的，应当认定为“违反规定临时停车”的违法行为，令其立即驶离，拒绝驶离的，依法处罚。

6. 在粘贴完《违法停车告知单》后，执法对象返回现场的，停车地点没有禁止停车标志、标线的，应令其立即驶离，拒绝驶离的，认定为“违反规定临时停车”的违法行为，当场处罚；停车地点有禁止停车标志、标线的，认定为“违反禁止停车标志指示”或“违反禁止停车标线指示”的违法行为实施处罚。

7. 对于被责令驶离的执法对象走走停停、驶离后再次返回的，视为拒绝驶离，进行录像举证后予以当场处罚。机动车违法停放的同时又违反禁停标志、标线的，应当按照违反交通标志、标线进行处罚。

8. 在出租车、旅游车等营运车辆以及黑车长期聚集的重点区域内违法停车的，初次发现后，可以使用 POS 机打印书面警告决定书，并责令执法对象立即驶离；再次发现同一执法对象在同一地点违法停车的，不再先行警告令其驶离，直接实施处罚后，责令执法对象立即驶离。

9. 执法对象在车辆旁或者在车里属于临时停车行为，不能按违法停车查处。在进行拍照取证中应有车内无人等内容。

10. 仅将机动车拖移至不妨碍通行地点的，可不开具《公安交通管理行政强制措施凭证》。扣留拖移车辆开具《行政强制措施凭证》时，须在 POS 机上正确选择行政强制措施种类、扣留拖移原因、车辆类型、号牌种类等相关选项，并确认强制措施信息保存上传。

【主要法律、法规依据】

依据一：

《中华人民共和国道路交通安全法》第三十三条第二款

在城市道路范围内，在不影响行人、车辆通行的情况下，政府有关部门可是施划停车泊位。

依据二：

《中华人民共和国道路交通安全法》第五十六条

机动车应当在规定地点停放。禁止在人行道上停放机动车；但是，依照本法第三十三条规定施划的停车泊位除外。

在道路上临时停车的，不得妨碍其他车辆和行人通行。

依据三：

《中华人民共和国道路交通安全法》第九十三条

对违反道路交通安全法律、法规关于机动车停放、临时停车规定的，可以指出违法行为，并予以口头警告，令其立即驶离。

机动车驾驶人不在现场或者虽在现场但拒绝立即驶离，妨碍其他车辆、行人通行的，处二十元以上二百元以下罚款，并可以将该机动车拖移至不妨碍交通的地点或者公安机关交通管理部门指定的地点停放。公安机关交通管理部门拖车不得向当事人收取费用，并应当及时告知当事人停放地点。

因采取不正确的方法拖车造成机动车损坏的，应当依法承担补偿责任。

依据四：

《道路交通安全违法行为处理程序规定》第十二条

交通警察对机动车驾驶人不在现场的违法停放机动车行为，

应当在机动车侧门玻璃或者摩托车座位上粘贴违法停车告知单，并采取拍照或者录像方式固定相关证据。

依据五：

《道路交通安全违法行为处理程序规定》第三十一条

违反机动车停放、临时停车规定，驾驶人不在现场或者虽在现场但拒绝立即驶离，妨碍其他车辆、行人通行的，公安机关交通管理部门及其交通警察可以将机动车拖移至不妨碍交通的地点或者公安机关交通管理部门指定的地点。

拖移机动车的，现场交通警察应当通过拍照、录像等方式固定违法事实和证据。

依据六：

《中华人民共和国道路交通安全法》第五十二条

机动车在道路上发生故障，需要停车排除故障时，驾驶人应当立即开启危险报警闪光灯，将机动车移至不妨碍交通的地方停放；难以移动的，应当持续开启危险报警闪光灯，并在来车方向设置警告标志等措施扩大示警距离，必要时迅速报警。

依据七：

《中华人民共和国道路交通安全法实施条例》第六十三条

机动车在道路上临时停车，应当遵守下列规定：

（一）在设有禁停标志、标线的路段，在机动车道与非机动车道、人行道之间设有隔离设施的路段以及人行横道、施工地段，不得停车；

（二）交叉路口、铁路道口、急弯路、宽度不足4米的窄路、桥梁、陡坡、隧道以及距离上述地点50米以内的路段，不得停车；

（三）公共汽车站、急救站、加油站、消防栓或者消防队（站）门前以及距离上述地点30米以内的路段，除使用上述设施的以外，不得停车；

（四）车辆停稳前不得开车门和上下人员，开关车门不得妨碍其他车辆和行人通行；

（五）路边停车应当紧靠道路右侧，机动车驾驶人不得离车，上下人员或者装卸物品后，立即驶离；

（六）城市公共汽车不得在站点以外的路段停车上下乘客。

第三节　查处涉牌违法

【概念定义】

机动车涉牌违法行为主要包括未悬挂机动车号牌，未按规定安装号牌、使用其他车辆号牌（套用号牌）、遮挡、污损号牌以及使用伪造、变造涂改号牌等。机动车涉牌违法行为不仅违反了车辆号牌使用管理规定，而且可能存在刑事和治安方面的问题，形成社会安全隐患。

未悬挂机动车号牌包括下列行为：尚未取得机动车号牌上路行驶的；已申领机动车号牌或临时行驶车号牌但未悬挂或未粘贴的；使用公告作废的机动车号牌的（仍在原注册登记车辆上使用）；使用过期的临时行驶车号牌的；办理变更、转移、注销登记业务后继续使用应当收回的机动车号牌的。

未按规定安装号牌包括下列行为：前后机动车号牌未安装在

机动车指定位置的；临时行驶车号牌未粘贴在车内前风窗玻璃的左下角或右下角，另一张临时行驶车号牌未粘贴在车内后风窗玻璃左下角的；倒置、翻转、反向安装机动车号牌的；只悬挂一块机动车号牌的（摩托车除外）；使用可拆卸号牌架、翻转号牌架、全覆盖式有机玻璃号牌架的；使用的号牌架内侧边缘距离号牌上汉字、字母或者数字边缘不足5mm的；未使用号牌专用固封装置安装机动车号牌的。

故意遮挡、污损机动车号牌包括下列行为：使用纸片、光盘、布条等物品遮住机动车号牌的；加装防撞装置、备胎等遮挡机动车号牌的；使用油漆、泥浆等物质覆盖机动车号牌的；人为使机动车号牌变形、折断、油漆脱落的，影响号牌上汉字、字母或者数字识认的。

变造、伪造机动车牌包括下列行为：在机动车号牌上粘贴数字贴、符号贴或者使用胶粘、涂抹、拼接等方式改变号牌原有汉字、数字、字母的（如将号牌中1改为7、F改为E等）；涂改临时行驶车号牌记载的信息的。

【操作规程】

1. 发现有涉牌违法嫌疑的，警察立即使用电台向前方执勤岗位通报或采取信号灯手控手段进行拦截。

2. 在做好必要的风险防范措施后，要求执法对象立即停车接受检查，并熄灭发动机。

3. 要求执法对象出示行驶证、驾驶证，无号牌的出示车辆合法证明。

4. 检查车辆，按照行驶证上标注的厂牌型号、发动机号、车架号等内容与车辆进行核对，并用执法记录仪全程记录。

5. 通过执法 POS 机查询该车辆及驾驶人的基本情况，确定嫌疑车辆是否为套牌车辆、盗抢车辆。

6. 确认为套牌车辆的，将嫌疑车辆及执法对象带回所属单位执法办案中心处理，并注意风险防范。

7. 对于有盗抢嫌疑的车辆，应当将人、车分离，将车辆移至指定地点，进一步核实，在此过程中加强风险防范。

8. 对于其他涉牌违法行为，告知执法对象违法行为与处理依据和结果，并听取陈述与申辩。

9. 对执法对象自称号牌丢失且现场不能出示临时号牌的，依法扣留机动车，不现场处罚，要求执法对象到车管所补办号牌后到大队执法办案中心接受处理。

10. 确认有使用伪造、变造号牌或者使用其他车辆号牌等违法行为的，制作行政强制措施凭证，扣留车辆。

【注意事项】

1. 在拦截车辆时注意自身安全，设施方法要得当，避免激化执法对象情绪。

2. 对车辆进行勘察时，注意观察发动机号是否有篡改痕迹、条形识别码是否在原位置。

3. 在询问时要注意方式方法，在未确定案件性质前不可向执法对象直接透露案情，避免惊动真正的犯罪嫌疑人，对日后案件抓捕、侦破造成被动。

4. 注意检查该执法对象的驾驶证和车辆行驶证，确认有无其他交通违法行为。

5. 善于使用车载无线查询终端系统、机动车档案查询系统、机动车违法信息查询系统、盗抢车辆信息查询系统、全国人口信息查询系统等信息化手段。

6. 因交通事故导致车辆号牌损坏、残缺或者号牌老化、褪色等非人为因素影响号牌识认的，打印书面警告决定书后，责令其到车管所申请换领号牌。

7. 对载货汽车装载货物影响车辆号牌识认的，责令执法对象现场改正后放行，不予处罚；无法当场改正的，按照故意遮挡机动车号牌违法行为，依法处罚。

8. 因号牌被盗、丢失等原因未悬挂机动车号牌，执法对象当场能够出具报警记录或者受案回执单等相关证明，且自报警之日起未超过 10 个工作日的，可不予扣留机动车，使用 POS 机打印书面警告决定书后，责令其到车管所申请补领号牌。

9. 执法对象在民警查处违法行为过程中，提供机动车号牌，经现场确认真实有效的，适用简易程序处罚后，监督驾驶人安装号牌后放行。如果无法确认真实有效的，扣留机动车。

10. 对未按规定粘贴有效临时行驶车号牌、号牌架内侧边缘距离号牌上汉字、字母或者数字边缘不足 5mm 且影响号牌识认的行为，可以当场改正的，打印书面警告决定书后，责令其改正后放行；无法当场改正或者被警告后再次发生的，依法处罚。

11. 对机动车已安装号牌但未使用号牌专用固封装置的，打印书面警告决定书后，责令其在 10 个工作日内到车管所申请换领并使用号牌专用固封装置，不予处罚；如已被警告 10 个工作日后再次被发现的，按照未按规定安装机动车号牌行为，依法处罚。

12. 对因雨雪天气、道路等客观原因，来不及清洗车辆导致机动车车身及其号牌被泥浆遮挡的，责令执法对象当场改正后放行，不予处罚；对于雨雪天气结束且路面已经干燥超过 1 日仍存在以上情形的，按照故意污损机动车号牌违法行为，依法处罚。

13. 使用号牌反光喷雾，使得号牌夜间反射监控设备补光光线（白天不影响）以逃避处罚，可以认定为故意遮挡机动车号牌。货车后门悬挂绳索，垂下后部分遮挡号牌，使监控设备无法记录，虽然不影响肉眼识别，但也应当认定为故意遮挡机动车号牌。

【主要法律、法规依据】

依据一：

《中华人民共和国道路交通安全法实施条例》第十三条第一款

机动车号牌应当悬挂在车前、车后指定位置，保持清晰、完整。重型、中型载货汽车及其挂车、拖拉机及其挂车的车身或者车厢后部应当喷涂放大的牌号，字样应当端正并保持清晰。

依据二：

《中华人民共和国道路交通安全法》第十一条第二款

机动车号牌应当按照规定悬挂并保持清晰、完整，不得故意遮挡、污损。

依据三：

《中华人民共和国道路交通安全法》第九十五条第二款

故意遮挡、污损或者不按规定安装机动车号牌的，依照本法第九十条的规定予以处罚。

依据四：

《中华人民共和国道路交通安全法》第九十六条第一款

伪造、变造或者使用伪造、变造的机动车登记证书、号牌、行驶证、驾驶证的，由公安机关交通管理部门予以收缴，扣留该机动车，处十五日以下拘留，并处二千元以上五千元以下罚款；构成犯罪的，依法追究刑事责任。

依据五：

《中华人民共和国道路交通安全法》第九十六条第三款

使用其他车辆的机动车登记证书、号牌、行驶证、检验合格标志、保险标志的，由公安机关交通管理部门予以收缴，扣留该机动车，处二千元以上五千元以下罚款。

依据六：

《机动车登记规定》第四十五条

机动车具有下列情形之一，需要临时上道路行驶的，机动车所有人应当向车辆管理所申领临时行驶车号牌：

（一）未销售的；

（二）购买、调拨、赠予等方式获得机动车后尚未注册登记的；

（三）进行科研、定型试验的；

（四）因轴荷、总质量、外廓尺寸超出国家标准不予办理注册登记的特型机动车。

依据七：

《道路交通安全违法行为处理程序规定》第二十五条第一款第一项

有下列情形之一的，依法扣留车辆：

（一）上道路行驶的机动车未悬挂机动车号牌，未放置检验合格标志、保险标志，或者未随车携带机动车行驶证、驾驶证的；

第四节　查处车辆非法改装

【概念定义】

非法改装车是指，未经国家有关部门批准，改变了已认证或者已登记的结构、构造或者特征的机动车，包括擅自改变机动车外形与擅自改变已登记的有关技术数据两种。

擅自改变机动车外形的违法行为有：1. 加装空气动力套件（俗称大包围）的，包括进气格栅（俗称前中网）、车侧扰流板（侧裙）、后包围以及后扰流板（俗称尾翼）等；2. 改变车灯数量和规格的，包括越野车加装保险杠或车顶加装灯具，货车车身外侧加装向后下方照明的灯具（俗称后射灯）；3. 在车身前后加装绞盘和尾钩的；4. 货车改变车箱栏板长度或者高度，加装钢板弹簧片的数量，加固车架大梁的；5. 对品牌标识、发动机舱盖、排气管等进行改装或者拆除消音器的；6. 加装行李架或脚踏板超过车身（不含反光镜）的；7. 改变号牌安装位置（前号牌应安装在车辆前进方向的中部或右侧，后号牌应安装在中部或左侧）。

擅自改变机动车已登记的有关技术数据的违法行为有：1. 载客汽车拆除座椅的；2. 改装车辆悬挂系统的；3. 改变车辆轮胎轮毂规格的；4. 通过涡轮增压等技术提高发动机功率的；5. 改

变车身颜色或粘贴亚光膜；6 改装悬挂系统或气囊避震等。

另外，还包括车辆加装的与注册登记项目不符且影响车辆安全的装置，比如机动车的警报器、标志灯具，自行车、三轮车的动力装置。

在不影响安全和号牌识别的情况下，机动车所有人可以自行变更的有：小型载客汽车加装前后防撞装置；货运机动车加装防风罩、水箱、工具箱、备胎架等；机动车增加车内装饰灯。除此以外的变更，均需依法申请变更登记。如果加装了与注册登记项目不符也不属于上述三种情形而且没有依法办理变更登记装置的，属于非法改装车。

警报器和标志灯具只能安装在警车、消防车、救护车、工程抢险车、公路监督检查车等五种车型上，除此之外车辆安装的警报器和标志灯具均属非法安装。自行车、三轮车属于非机动车范畴，应当符合非机动车的安全标准，安装的动力装置均属于非法装置。对于非法装置，一般依法予以收缴。收缴是指公安机关交通管理部门将行为人持有的违禁品扣留并缴至公安机关依法处理的行政强制措施，公安交通管理工作中收缴的物品除了作为违法证据外一般进行销毁处理。

【操作规程】

1. 警察通过目视发现机动车外观、轮胎、悬架存在异常，车身粘贴亚光膜，或者耳听机动车行驶中发出较大排气噪音的，应当对车辆进行拦截检查。

2. 对涉嫌改装车辆拦截后，要求执法对象出示驾驶证、行驶证，并将发动机熄火。

3. 确认执法记录仪正常工作。

4. 检查车辆外观、底盘、轮胎等，将车辆与行驶证照片或计算机登记系统进行比对，并对执法对象进行初步询问，确认车辆是否存在非法改装行为。

5. 初步检查确认非法改装车辆后，立即向所属单位报告，请求支援警力。

6. 与支援警察一起对车内物品进行检查，对车上人员进行核录。

7. 车辆、人员存在涉案信息，或者发现管制刀具、毒品等其他危险物品的，先按照规定将执法对象移交派出所处理；未发现异常情况的，立即将执法对象传唤至执法办案中心进行调查处理。

8. 制作《证据保全决定书》，将车辆移至指定停车场登记保存。

9. 对于机动车非法加装的警报器、标志灯具，自行车、三轮车非法加装的动力装置，告知执法对象具体违法行为与处罚决定，并听取陈述和申辩。

10. 依法要求执法对象自行拆除，拒绝自行拆除的，警察可以代为执行，然后实施收缴后依法处罚。

11. 收缴非法装置后，24 小时内将收缴的非法装置交到所属单位。

【注意事项】

1. 法律法规没有明令禁止安装的装置、装饰物，均不能作为非法装置予以收缴。

2. 在收缴过程中，应当向当事人说明违法事实和执法依据等，尽量取得当事人的配合。如果当事人拒绝配合的，根据具体情况，追究行政或刑事责任。

3. 因工作需要，工商行政管理部门、城管部门、公路管理部门从事执法活动的部分车辆可以使用警报器或标志灯具。

4. 当事人将车辆原有的卤素大灯等非氙气大灯改成氙气前照灯的或者更改车标的，没有对道路安全产生影响，对车辆的识别影响也不大，不能视为擅自改变机动车登记结构。

5. 为了能够运载更多的货物，货车当事人为货车加装一车抽，使原来的车轮多出一组，属于改变机动车外形与结构，并影响车辆的安全性能，应依法进行处罚。增加货车车厢挡板的，并未改变机动车的外形和结构，也不影响车辆性能，不属于改装车。

6. 将车厢座椅拆除的，并没有影响机动车的整体结构，不能认定为改装车。

7. 小型、微型载客汽车加装前后防撞装置；货运机动车加装防风罩、水箱、工具箱、备胎架等；增加机动车车内装饰的情形，在不影响安全和识别号牌的情况下，机动车所有人不需要办理变更登记，不认定为车辆非法改装。加装防撞装置影响号牌识别的，认定为故意遮挡机动车号牌违法行为，并责令当事人恢复原状。

8. 机动车在行李架上加装顶箱（行李箱）的行为不能单纯认定为擅自改变机动车已登记的结构的违法行为，只要从车顶起高度不超过0.5米的法定标准即视为合法。

9. 机动车车身外（不含车窗玻璃，前、后风挡玻璃）可以喷涂和粘贴“单位名称、企业标识、电话、地址、网址”等信息，但字号大小不大于车身高度的10%，不得改变车身整体颜色。

【主要法律、法规依据】

依据一：

《道路交通安全违法行为处理程序规定》第三十五条

对非法安装警报器、标志灯具或者自行车、三轮车加装动力装置的，公安机关交通管理部门应当强制拆除，予以收缴，并依法予以处罚。

交通警察现场收缴非法装置的，应当在二十四小时内，将收缴的物品交所属公安机关交通管理部门。

对收缴的物品，除作为证据保存外，经县级以上公安机关交通管理部门批准后，依法予以销毁。

依据二：

《机动车登记规定》第十六条

有下列情形之一，在不影响安全和识别号牌的情况下，机动车所有人不需要办理变更登记：

（一）小型、微型载客汽车加装前后防撞装置；

（二）货运机动车加装防风罩、水箱、工具箱、备胎架等；

（三）增加机动车车内装饰。

依据三：

《机动车登记规定》第十条第一款第一项至第三项

已注册登记的机动车有下列情形之一的，机动车所有人应当向登记地车辆管理所申请变更登记：

（一）改变车身颜色的；

（二）更换发动机的；

（三）更换车身或者车架的。

依据四：

《机动车登记规定》第五十七条

除本规定第十条和第十六条规定的情形外，擅自改变机动车外形和已登记的有关技术数据的，由公安机关交通管理部门责令恢复原状，并处警告或者五百元以下罚款。

依据五：

《机动车类型　术语和定义》第三条第十三款

非法改装车，未经国家有关部门批准，改变了已认证或者已登记的结构、构造或者特征的机动车。

依据六：

《中华人民共和国道路交通安全法》第十五条第一款

警车、消防车、救护车、工程救险车应当按照规定喷涂标志图案，安装警报器、标志灯具。其他机动车不得喷涂、安装、使用上述车辆专用的或者与其类似的标志图案、警报器或者标志灯具。

依据七：

《中华人民共和国道路交通安全法》第十六条第一项

任何单位或者个人不得有下列行为：

（一）拼装机动车或者擅自改变机动车已登记的结构、构造或者特征。

依据八：

《中华人民共和国道路交通安全法》第九十七条

非法安装警报器、标志灯具的，由公安机关交通管理部门强制拆除，予以收缴，并处二百元以上二千元以下罚款。

依据九：

《中华人民共和国行政处罚法》第三十七条第二款

行政机关在收集证据时，可以采取抽样取证的方法；在证据可能灭失或者以后难以取得的情况下，经行政机关负责人批准，可以先行登记保存，并应当在7日内及时作出处理决定，在此期间，当事人或者有关人员不得销毁或者转移证据。

依据十：

《中华人民共和国道路交通安全法实施条例》第十三条第三款

机动车喷涂、粘贴标识或者车身广告的，不得影响安全驾驶。

第五节　查处装载类违法

【概念定义】

为确保机动车安全性能和道路交通安全，我国对机动车装载行为进行了比较严格的法律约束。装载类违法行为是指机动车违反道路交通安全管理法律法规关于装载规定的行为，是严重的道路交通安全隐患。具体上，可以分为货车违法装载、客车违法装载和机动车违反规定运输易燃、易爆、放射性、腐蚀性、剧毒等特殊物品。

违法装载的主要表现形式是超载。一般来讲，实践中的超载指的是货车超载和客车超载。货车超载是对道路安全及道路质量产生重大威胁的严重交通违法行为，即货运机动车载物超过核定载质量，核定载质量是指车辆除自身质量外的最大限度的载物质量，一般按照国家公布的车型技术参数确定，其单位是千克，具体核定载质量标注在其机动车登记证书和行驶证上。除此之外，货车违法装载还包括货车载物违反长、宽、高规定，违反规定载人等违法行为。

客车超载指客车超员，即超过车辆的核定载人数，核定载人数是指根据国家公布的车型技术参数或有关技术资料确定的客运车辆的最高载人数，具体核定载人数标注在其机动车登记证书和行驶证上。除此之外，客车违法装载还包括违反规定载货。载客汽车违反规定载货主要包括：车身外行李架载货，从车顶起高度超过0.5米（不含），或者从地面起高度超过4米（不含）；车顶载货，货物超过车身外廓的；车内载货，所载货物从车窗或车门处突出车外的；车厢内座位或地板上放置货物，高度超过座椅背高度并遮挡车窗的；驾驶人旁侧座位放置货物，货物遮挡前风窗玻璃或者影响驾驶人观察车外后视镜的；拆除一排以上座位并用腾出的空间载运货物的。

【操作规程】

1. 发现有违反装载规定嫌疑的，指令执法对象靠边停车，并熄灭发动机。

2. 迅速预估查处违法过程中的各种风险，并进行必要的基础防范。

3. 要求执法对象出示驾驶证、行驶证，并下车接受检查。

4. 确认为超长、超高、超宽的，告知执法对象具体违法行为和处罚决定于依据，并听取陈述和申辩。

5. 当场制作简易程序处罚决定书，责令执法对象按照指定时间、路线、速度行驶后放行。

6. 有超载嫌疑的，需要使用称重设备的，引导至指定地点进行。

7. 核定结果未超载的，立即放行；核定结果超载的，责令驾驶人消除违法行为。

8. 执法对象表示可立即消除违法状态的依法处罚，待违法状态消失后放行。

9. 拒绝或者不能立即消除违法状态的，制作行政强制措施凭证，扣留车辆。

【注意事项】

1. 货车载物超过核定载质量，为一般超载，超过核定载质量的30%的，为严重超载。公路客运汽车载客超过额定人员20%的，为严重超载。公路客运车辆不包括在城市内作为公共交通工具的公共汽车、电车等。

2. 对于整车运送鲜活农产品（包括新鲜蔬菜、水果、鲜活水产品、活的畜禽、新鲜肉蛋奶等）的车辆，视为“绿色通道”车辆，存在超载行为，未发生事故的，不严重影响道路交通安全的，告知执法对象违法事实，进行教育或警告后尽快放行，不采取扣留机动车等行政强制措施。严重影响道路交通安全的，责令当事人按照规定转运，当事人拒绝转运的，依法扣留机动车。畜禽、水产品、瓜果、蔬菜、肉、蛋、奶等的深加工产品及花、草、苗木、粮食等不属于鲜活农产品范围，不适用全国“绿色通道”运输政策。

3. 对于货运机动车超载的，应当根据超载的事实认定。超载未达到30%的，执法对象对交通警察指认的超载程度无异议，又不愿到指定地点称重的，有货运单、运输合同等证据可以证明违法行为的，可以不到指定地点称重，直接认定违法行为，并给予处罚。但应在行政处罚文书中注明，并由当事人签字、捺手印。如执法对象要求到指定地点称重的，须到指定地点称重。

4. 对于货运机动车驾驶室里载人超过核定载人数的，应当认定为“驾驶载客汽车以外的其他机动车载人超过核定人数”的违法行为进行处罚。

5. 对利用中、小型载客汽车运载蔬菜存在上述情形，但车厢、车门关闭牢固且不影响驾驶视线的，不予罚款处罚，口头警告后放行。

【主要法律、法规依据】

依据一：

《道路交通安全违法行为处理程序规定》第二十七条

对公路客运车辆载客超过核定乘员、货运机动车超过核定载质量的，公安机关交通管理部门应当按照下列规定消除违法状态：

（一）违法行为人可以自行消除违法状态的，应当在公安机关交通管理部门的监督下，自行将超载的乘车人转运、将超载的货物卸载；

（二）违法行为人无法自行消除违法状态的，对超载的乘车人，公安机关交通管理部门应当及时通知有关部门联系转运；对超载的货物，应当在指定的场地卸载，并由违法行为人与指定场地的保管方签订卸载货物的保管合同。

消除违法状态的费用由违法行为人承担。违法状态消除后，应当立即退还被扣留的机动车。

依据二：

《中华人民共和国道路交通安全法》第四十八条

机动车载物应当符合核定的载质量，严禁超载；载物的长、宽、高不得违反装载要求，不得遗洒、飘散载运物。

机动车运载超限的不可解体的物品，影响交通安全的，应当按照公安机关交通管理部门指定的时间、路线、速度行驶，悬挂明显标志。在公路上运载超限的不可解体的物品，并应当依照公路法的规定执行。

机动车载运爆炸物品、易燃易爆化学物品以及剧毒、放射性等危险物品，应当经公安机关批准后，按指定的时间、路线、速度行驶，悬挂警示标志并采取必要的安全措施。

依据三：

《中华人民共和国道路交通安全法》第四十九条

机动车载人不得超过核定的人数，客运机动车不得违反规定载货。

依据四：

《中华人民共和国道路交通安全法》第五十条

禁止货运机动车载客。

货运机动车需要附载作业人员的，应当设置保护作业人员的安全措施。

依据五：

《交通警察道路执勤执法工作规范》第五十一条

交通警察依法扣留车辆时，不得扣留车辆所载货物，并应当提醒机动车驾驶人妥善处置车辆所载货物。

当事人无法自行处理或者能够自行处理但拒绝自行处理的，交通警察应当在行政强制措施凭证上注明，登记货物明细并妥善保管。

货物明细应当由交通警察、机动车驾驶人签名，有见证人的，还应当由见证人签名。机动车驾驶人拒绝签名的，交通警察应当在货物登记明细上注明。

依据六：

《中华人民共和国道路交通安全法实施条例》第五十四条第二款

载客汽车除车身外部的行李架和内置的行李箱外，不得载货。载客汽车行李架载货，从车顶起高度不得超过0.5米，从地面起高度不得超过4米。

依据七：

《中华人民共和国道路交通安全法实施条例》第一百零六条

公路客运载客汽车超过核定乘员、载货汽车超过核定载质量的，公安机关交通管理部门依法扣留机动车后，驾驶人应当将超载的乘车人转运、将超载的货物卸载，费用由超载机动车的驾驶人或者所有人承担。

第六节　查处禁限类违法

【概念定义】

禁限类违法行为是指驾驶人驾驶机动车违反禁止性、限制性通行规定进入特定道路或区域的违法行为，此类违法行为也是当前执法实践中比较常见的一种交通安全违法行为。加强禁限类执法，不仅是维护法律权威的应有之义，还是确保城市交通环境的必要手段。

在城市交通环境复杂化的形势下，为做好城市交通的安全有序畅通，城市交通管理部门依法对不同车种的通行权在通行时间、通行区域、通行道路、通行车道进行了适当的禁止和限制。比如有的城市按照道路划分和时间区段禁止或限制摩托车或货车通行，有的城市在特定区域限制外埠机动车通行，还有的城市设置了公交车道限制社会车辆通行等。禁限类违法行为属于常见的一般违法行为，在执法实践中按照简易程序现场处罚。在具体处罚种类上，主要包括违反限制通行规定与违反禁令标志指示两种。

【操作规程】

1. 拦停违反禁限类车辆，要求靠边停车，确认执法记录仪正常工作，确保基础的风险防范措施。

2. 要求执法对象出示驾驶证、行驶证，并对证件与车辆进行认真核对。

3. 介绍关于禁限的规定要求，告知执法对象具体违法行为与处罚依据、决定，听取陈述和申辩。

4. 填写简易处罚决定书，要求执法对象在决定书上签名。执法对象拒绝签名的，在决定书上注明情况。

5. 将处罚决定书交给执法对象，告知按照规定期限到规定银行缴纳罚款。执法对象拒收的，在决定书上注明情况，视同送达。

6. 对于大货车等严重影响城市道路秩序的特定车辆，应在处罚后指定路线，要求尽快驶离禁限区域。

【注意事项】

1. 限制通行规定一般没有记分处罚，比如违反尾号限行的违法行为。

2. 货车一般采取的是禁令标志限制，因此除了罚款处罚外，还应予以计分处罚。货车同时存在违反限制通行和违反禁令标志两种违法行为的，只处罚一次，按照违反禁令标志实施处罚。

3. 对于违反限制通行规定在处罚后继续在限制区域内行驶的，距前次处罚超过4个小时的，可以继续实施处罚。

4. 执法对象对城市道路交通的禁限措施不了解、不熟悉，还有的不理解，因此在现场处罚时应注意解释工作，避免发生不必要的冲突。

【主要法律、法规依据】

依据一：

《中华人民共和国道路交通安全法》第三十九条

公安机关交通管理部门根据道路和交通流量的具体情况，可以对机动车、非机动车、行人采取疏导、限制通行、禁止通行等措施。

依据二：

《中华人民共和国道路交通安全法》第五十五条第一款

高速公路、大中城市中心城区内的道路，禁止拖拉机通行。其他禁止拖拉机通行的道路，由省、自治区、直辖市人民政府根据当地实际情况规定。

依据三：

《中华人民共和国道路交通安全法》第一百零二条

对六个月内发生二次以上特大交通事故负有主要责任或者全部责任的专业运输单位，由公安机关交通管理部门责令消除安全隐患，未消除安全隐患的机动车，禁止上道路行驶。

第七节　查处无证驾驶

【概念定义】

无证驾驶，指没有依法取得机动车驾驶资格以及驾驶资格被依法剥夺期间继续驾车的行为。驾驶与驾驶证载明的准驾车型不符的机动车的，在本质上也属于无证驾驶。一般情况下，驾驶人对于驾驶机动车必须具有驾驶证的法律要求比较清楚，但是对于驾驶证种类与驾驶证的限制车辆范围不太熟悉，因此准驾车型不符的行为比较多发。常见于具有汽车驾驶资格的驾驶摩托车，具有小汽车资格的驾驶人驾驶货车或者中型以上的客车，具有货车资格驾驶人的驾驶中型以上的客车，具有中型客车驾驶资格的驾驶人驾驶大型客车等。此外，驾驶证被公告停止使用后，驾驶人仍继续驾驶机动车的，在性质上属于驾驶资格中止后的无证驾驶行为。

无证驾驶属于对国家行政许可制度的侵犯，在违法性质上高于一般的交通违法行为，在损害结果上大于一般的交通违法行为，因此按照法律规定，原则上采取现场实施行政强制措施，进行口头传唤至执法单位调查处理。在执法实践中，无证驾驶的违法行为一般没有明显的迹象特征，只能通过检查比对驾驶证与行驶证进行确认，因此都是在处理其他违法行为或者例行检查过程中发现无证驾驶的。

【操作规程】

1. 发现有无证驾驶嫌疑的，首先确认执法记录仪正常工作，特别注意对执法对象与所驾车辆进行拍摄特写，作为后续调查工作证据。

2. 告知执法对象执法全过程录音录像，要求其熄灭汽车发动机，下车接受检查，并做到人车分离。

3. 检查核实执法对象与所驾车辆信息，并进行基本的风险预估与防范。

4. 确定执法对象具有无证驾驶行为的，告知其未携带驾驶证的事实、处理结果与依据，并听取陈述和申辩。

5. 以未携带驾驶证为由开具行政强制措施凭证，将其涉事车辆予以扣留，要求执法对象在强制措施凭证上签名，拒绝签名的予以注明。

6. 口头传唤执法对象到执法单位接受调查处理，同时通知其家属。执法对象不配合工作的，应请求支援，情节严重的移交治安部门依法处理。

7. 对涉嫌驾驶与驾驶证载明的准驾车型不符的机动车的违法行为人，无其他驾驶人即时替代驾驶的，将机动车移至指定的停车场；有其他驾驶人替代驾驶的，准许将车辆开走。对执法对象暂扣机动车驾驶证，依法传唤其到执法单位接受调查处理。

【注意事项】

1. 对于驾驶轮式自行机械车（轮式装载机、轮式挖掘机）上路行驶，未取得公安机关交管部门核发的该类型车辆驾驶证，却持有相关部门核发的车辆操作证的，应当认定为无证驾驶。相关部门核发的车辆操作证只在非道路的场地有效，不能视为合法机动车驾驶证。

2. 无证驾驶并使用伪造的机动车驾驶证的，应当按照两项违法行为分别处理。

3. 对持有军队、武警部队驾驶证驾驶民用机动车的，一般不按照无证驾驶机动车处理，但应告知其按照公安部《机动车驾驶证申领和使用规定》第二十条规定及时申领机动车驾驶证。

4. 驾驶证超过有效期驾驶机动车的，应以无证驾驶机动车扣留机动车，驾驶机动车的资格是一种有期限的行政许可，超过有效期没有续办的不再具有从事相应行为的资格。

5. 准驾不符的，不能扣留机动车，可以将车移至不妨碍交通的地点或指定地点停放，同时应暂时保管驾驶证、行驶证作为违法证据移交给执法单位。

【主要法律、法规依据】

依据一：

《中华人民共和国道路交通安全法实施条例》第一百零四条第二项

机动车驾驶人有下列行为之一，又无其他机动车驾驶人即时替代驾驶的，公安机关交通管理部门除依法给予处罚外，可以将其驾驶的机动车移至不妨碍交通的地点或者有关部门指定的地点停放：

（二）驾驶的机动车与驾驶证载明的准驾车型不符的；

依据二：

《公安机关办理行政案件程序规定》第六十七条第一款

对现场发现的违法嫌疑人，人民警察经出示人民警察证，可以口头传唤，并在询问笔录中注明违法嫌疑人到案经过、到案时间和离开时间。

依据三：

《道路交通安全违法行为处理程序规定》第二十五条第一款第一项

上道路行驶的机动车未悬挂机动车号牌，未放置检验合格标志、保险标志，或者未随车携带机动车行驶证、驾驶证的；

依据四：

《中华人民共和国道路交通安全法实施条例》第二十八条

机动车驾驶人在机动车驾驶证丢失、损毁、超过有效期或者被依法扣留、暂扣期间以及记分达到12分的，不得驾驶机动车。

依据五：

《中华人民共和国道路交通安全法实施条例》第一百零四条

机动车驾驶人有下列行为之一，又无其他机动车驾驶人即时替代驾驶的，公安机关交通管理部门除依法给予处罚外，可以将其驾驶的机动车移至不妨碍交通的地点或者有关部门指定的地点停放：

（一）不能出示本人有效驾驶证的；

（二）驾驶的机动车与驾驶证载明的准驾车型不符的；

（三）饮酒、服用国家管制的精神药品或者麻醉药品、患有妨碍安全驾驶的疾病，或者过度疲劳仍继续驾驶的；

（四）学习驾驶人员没有教练人员随车指导单独驾驶的。

依据六：

《中华人民共和国道路交通安全法》第十九条第四款

驾驶人应当按照驾驶证载明的准驾车型驾驶机动车；驾驶机动车时，应当随身携带机动车驾驶证。

第八节　查处危化品车辆违法

【概念定义】

危化品车辆是运输危险化学品专用车辆的简称，危化品是指具有毒害、腐蚀、爆炸、燃烧、助燃等性质，对人体、设施、环境具有危害的剧毒化学品和其他化学品，也包括放射性危险物品。其中，剧毒化学品按照国务院安全生产监督管理部门会同国务院公安、环保、卫生、质检、交通部门确定并公布的剧毒化学品目录执行。由于运输货品的特殊性和危险性，危化品车辆产生交通安全违法的后果相对其他车辆对生命财产安全、道路交通秩序、公共卫生环境等造成的破坏更为严重，因此我国对危化品运输一直采取了严格的监管措施。未办理公路运输许可证，未按批准路线、时间行驶，未悬挂警示标志、违反限制通行等行为，是常见的危化品车辆交通安全违法行为。

【操作规程】

1. 发现危化品车辆有交通安全违法行为的，指挥机动车驾驶人停车接受检查。停车地点要选择避免阳光长时间照射的地方，防止所运输危化品因暴晒发生意外情况，同时要远离人口密集的繁华区域。

2. 重点检查危险化学品运输车辆行驶证，驾驶人的驾驶证、从业资格证和押运员的从业资格证，检查车辆是否非法改装伪装，检查悬挂或喷涂警示标志、车身反光标识是否符合标准要求，检查车上配备的应急处理器材和防护用品。对于运输液化石油气罐的货运车辆，重点检查是否存在超载行为，超载车辆必须卸载才能予以放行。

3. 对于擅自进入危险化学品运输车辆禁止通行区域，或者不按指定的行车时间和路线行驶的，应当当场予以纠正，并依据《危险化学品安全管理条例》实施处罚。

4. 对于未随车携带《剧毒化学品公路运输通行证》的，应当引导驾驶人至安全地点停放，并禁止其继续行驶，及时移交所属交通管理部门进行调查取证，由交通管理部门责令提供已依法领取通行证的证明，依据《剧毒化学品购买和公路运输许可证件管理办法》实施处罚。

5. 对于未申领《剧毒化学品公路运输通行证》，擅自通过公路运输剧毒化学品的，应当扣留运输车辆，及时移交所属交通管理部门进行调查取证，并依据《危险化学品安全管理条例》实施处罚。

6. 对于未按照《剧毒化学品公路运输通行证》注明的运输车辆、驾驶人、押运人员、装载数量和运输路线、时间等事项运输的，应当引导驾驶人至安全地点停放，调查取证，责令其消除违法行为，及时移交所属交通管理部门进行调查取证，并依据《危险化学品安全管理条例》和《剧毒化学品购买和公路运输许可证件管理办法》实施处罚。

【注意事项】

1. 执法中要注意自身安全防护，随车携带防化、防毒装备，如发现有泄漏风险迹象的，立即穿上防护装备，安排驾驶人、押运人员做好现场应急措施，并及时疏散周围群众，同时请求上级支援。

2. 在对车辆和驾驶人、押运人员检查过程中，规范使用执法记录仪，做好必要的证据收集工作。在执法站位上，选择车辆的上风口，避免受到危化品的影响，同时要坚决杜绝直接接触危化品的行为。

3. 对于危化品车辆驾驶人的驾驶证处于实习期的情况，将车停放在不影响交通的地方，在来车方向安全距离码放警示标志，并要求驾驶人立即联系所属公司更换具有相应驾驶资质的驾驶人。

4. 对于未按规定加装紧急切断装置的液体危险货物罐车，要求立即停驶。

5. 发现构成违反治安管理行为的，要移交治安部门处理。

6. 发现存在其他违法行为的，在处理交通安全违法行为的同时，通知交通运输行业监管部门到场处理。

7. 在城市道路发现运输剧毒化学品车辆的，也需要检查是否办理《剧毒化学品公路运输通行证》，并严格核对是否按批准路线行驶。

【主要法律、法规依据】

依据一：

《危险化学品安全管理条例》第三条

本条例所称危险化学品，是指具有毒害、腐蚀、爆炸、燃烧、助燃等性质，对人体、设施、环境具有危害的剧毒化学品和其他化学品。

危险化学品目录，由国务院安全生产监督管理部门会同国务院工业和信息化、公安、环境保护、卫生、质量监督检验检疫、交通运输、铁路、民用航空、农业主管部门，根据化学品危险特性的鉴别和分类标准确定、公布，并适时调整。

依据二：

《危险化学品安全管理条例》第四十九条

未经公安机关批准，运输危险化学品的车辆不得进入危险化学品运输车辆限制通行的区域。危险化学品运输车辆限制通行的区域由县级人民政府公安机关划定，并设置明显的标志。

依据三：

《中华人民共和国道路交通安全法实施条例》第二十二条第

三款

机动车驾驶人在实习期内不得驾驶公共汽车、营运客车或者执行任务的警车、消防车、救护车、工程救险车以及载有爆炸物品、易燃易爆化学物品、剧毒或者放射性等危险物品的机动车；驾驶的机动车不得牵引挂车。

依据四：

《交通警察道路执勤执法工作规范》第七条第二款

交通事故勘查车应当配备现场勘查箱、现场照明设备和锥筒、警戒带、警告标志、告示牌，以及急救包、牵引绳、简易破拆工具等救援及其他必要装备。处置危险化学品车辆交通事故时，应当按照参与处置的交通警察数量携带防化、防毒装备。

依据五：

《道路交通安全违法行为处理程序规定》第二十五条第七款

未申领《剧毒化学品公路运输通行证》通过公路运输剧毒化学品的，依法扣留车辆。

依据六：

《中华人民共和国道路交通安全法》第四十八第三款

机动车载运爆炸物品、易燃易爆化学物品以及剧毒、放射性等危险物品，应当经公安机关批准后，按指定的时间、路线、速度行驶，悬挂警示标志并采取必要的安全措施。

依据七：

《剧毒化学品购买和公路运输许可证件管理办法》第十八条第一款

通过公路运输剧毒化学品的，应当遵守《中华人民共和国道路交通安全法》《危险化学品安全管理条例》等法律、法规对剧毒化学品运输安全的管理规定，悬挂警示标志，采取必要的安全措施，并按照《剧毒化学品公路运输通行证》载明的运输车辆、驾驶人、押运人员、装载数量、有效期限、指定的路线、时间和速度运输，禁止超载、超速行驶；押运人员应当随车携带《剧毒化学品公路运输通行证》，以备查验。

依据八：

《剧毒化学品购买和公路运输许可证件管理办法》第二十九条

在中华人民共和国境内通过城市道路运输剧毒化学品的，参照本办法关于通过公路运输剧毒化学品的规定执行。

第四章
突发事件应急处置

第一节　突发事件概述

【概念定义】

《中华人民共和国突发事件应对法》规定，突发事件是指突然发生，造成或者可能造成严重社会危害，需要采取应急处置措施予以应对的自然灾害、事故灾难、公共卫生事件和社会安全事件。需要公安机关交通管理部门及其交通警察参与处置的突发事件一般仅指突然发生在道路上，造成或者可能造成道路交通中断或较长时间阻塞，道路及其附属设施遭到严重破坏，丧失正常使用功能，出现重大人员伤亡、财产损失、生态环境破坏和危及道路运行安全的紧急事件。

由于需要交通警察参与或协助处置的突发事件一般发生在道路上，因此也可以称之为道路突发事件。在原因上，有可能是人为、自然因素，也可能是意外引发；在结果上，已经或者有可能扰乱社会秩序、危害公共安全、影响道路安全畅通；在处理方式上，采取紧急处置措施才能平息事态、减轻影响、恢复正常社会交通秩序；在事发地点上，发生在道路上，既有交通事件也有非交通性事件。交通突发事件主要指重特大交通事故，非交通性突发事件主要包括路面塌陷与自来水、燃气、热力等管网爆裂等市政设施事故，刑事、治安类事件，恶劣天气条件，以及车辆自燃等偶发性事件。

城市道路突发事件处置的主责部门不是公安机关交通管理部门，但是由于严重影响到道路秩序与安全，而且交通警察往往是最早到现场的政府部门人员，因此交通警察的先期处置必不可少，而且对事件的快速成功处置具有重要意义。

【操作规程】

1. 得到处置突发事件的指令后，迅速根据突发事件种类与性质进行必要的风险预估，做好基本风险防范的基础准备工作。

2. 到达现场后，根据现场情况，及时调整风险防范措施，确保自身安全。

3. 在保证自身安全的前提下，观察了解事件基本情况，包括现场准确位置、设施事故情形、对交通影响程度等信息，及时使用电台向所属大队报告，由大队按程序逐级上报。报告内容包括：我是某某队民警，在什么地点发现什么情况，是否请求支援等。

4. 听从指挥部门的指令采取进一步的行动，必要时紧急采取交通管制措施。根据指挥部门指令利用锥桶、警戒带等交通安全设施将现场封闭（夜间配备 LED 闪灯）等进行现场交通管控和外围疏导分流，避免发生次生灾害。

5. 对于车辆自燃的，要检查是否有人员伤亡情况，并利用随车灭火器或征用社会设施紧急扑救火险，必要时请求指挥部门协调消防与清障部门赶赴现场救援。积极协助相关专业人士抢救伤者。

6. 查看现场周边是否有安全隐患，做好交通管控。维护现场交通秩序，将现场周边人员、车辆疏散到安全地带。

7. 视情况采取远端分流措施，在相邻路口、桥区分流疏导外围交通。配合其他警种控人、控车。

8. 就事故原因、情况、损失、对交通影响程度等后续情况及时跟进续报所属大队。

9. 开辟绿色通道，了解应急抢险车辆行进路线方向，确保救援、消防、救护力量及时到达现场。

10. 抢修期间做好现场交通秩序维护工作。

11. 处置结束后，及时清理现场恢复正常交通。

【注意事项】

1. 上报事实要快，随时关注现场情况，做好跟进续报，上报事件原因时要谨慎。

2. 先期处置听指挥，在没有进一步指令的情况下，不得擅自采取行动，严禁不服从指挥追赶嫌疑车辆和人员。

3. 注意现场执勤纪律，确保警容严整，避免不良炒作。在维持现场秩序时，特别注意与采访记者、绕行司机等人群的沟通方式，努力做好解释工作，切忌语言冷横生硬、举止简单粗暴。

4. 严格执行安全防护规定，必须保证自身、受害人和被控人员的绝对安全。

5. 处理突发事件期间，一般不纠正处理交通安全违法行为，也不受理群众投诉，应当告知其到相关部门或者机构投诉。

6. 主动配合其他单位开展处置救援工作，切忌本位主义。

【主要法律、法规依据】

依据一：

《中华人民共和国突发事件应对法》第三条第一款

本法所称突发事件，是指突然发生，造成或者可能造成严重社会危害，需要采取应急处置措施予以应对的自热灾害、事故灾难、公共卫生事件和社会安全事件。

依据二：

《公路交通突发事件应急预案》2009年4月

本预案所称公路交通突发事件是指由下列突发事件引发的造成或者可能造成公路以及重要客运枢纽出现中断、阻塞、重大人员伤亡、大量人员需要疏散、重大财产损失、生态环境破坏和严重社会危害，以及由于社会经济异常波动造成重要物资、旅客运输紧张需要交通运输部门提供应急运输保障的紧急事件。

（1）自然灾害。主要包括水旱灾害、气象灾害、地震灾害、地质灾害、海洋灾害、生物灾害和森林草原火灾等。

（2）公路交通运输生产事故。主要包括交通事故、公路工程建设事故、危险货物运输事故。

（3）公共卫生事件。主要包括传染病疫情、群体性不明原因疾病、食品安全和职业危害、动物疫情，以及其他严重影响公众健康和生命安全的事件。

（4）社会安全事件。主要包括恐怖袭击事件、经济安全事件和涉外突发事件。

各类公路交通突发事件按照其性质、严重程度、可控性和影响范围等因素，一般分为四级：Ⅰ级（特别重大）、Ⅱ级（重大)、Ⅲ级（较大）和Ⅳ级（一般)。

依据三：

《中华人民共和国道路交通安全法》第三十条

道路出现坍塌、坑槽、水毁、隆起等损毁或者交通信号灯、交通标志、交通标线等交通设施损毁、灭失的，道路、交通设施的养护部门或者管理部门应当设置警示标志并及时修复。

公安机关交通管理部门发现前款情形，危及交通安全，尚未设置警示标志的，应当及时采取安全措施，疏导交通，并通知道路、交通设施的养护部门或者管理部门。

依据四：

《中华人民共和国道路交通安全法》第四十条

遇有自然灾害、恶劣气象条件或者重大交通事故等严重影响交通安全的情形，采取其他措施难以保证交通安全时，公安机关交通管理部门可以实行交通管制。

依据五：

《中华人民共和国突发事件应对法》第三十九条第二款

有关单位和人员报送、报告突发事件信息，应当做到及时、客观、真实，不得迟报、谎报、瞒报、漏报。

依据六：

《中华人民共和国突发事件应对法》第五十九条第二款

受突发事件影响地区的人民政府应当及时组织和协调公安、交通、铁路、民航、邮电、建设等有关部门恢复社会治安秩序，尽快修复被损坏的交通、通信、供水、排水、供电、供气、供热等公共设施。

第二节 重大交通事故应急处置

【概念定义】

一般而言，重大交通事故是对人身生命财产安全和社会交通秩序造成重大损失及其他严重后果的交通事故的统称，主要包括造成当事人死亡的较大以上死亡事故和危化品运输车辆交通事故两类。根据公安部2013年发布的公共安全行业标准《道路交通事故信息调查》规定，死亡事故分为4级：造成1人以上2人以下死亡的一般死亡事故、造成3人以上9人以下死亡的较大死亡事故、造成10人以上29人以下死亡的重大死亡事故、造成30人以上死亡的特别重大死亡事故。在交通事故统计上，重大交通事故中的死亡事故一般指一次死亡3人以上的交通事故。危化品运输车辆事故并不必然是重大交通事故，一般是指危化品运输车辆因交通事故后发生、即将发生或有可能发生所运载危险品爆炸、泄漏、燃烧等严重情形的事故，这种事故造成的损失严重或者预期损失严重，需要紧急中断交通、疏散车辆与人群，对事故处理工作要求比较高，对社会影响比较大。

【操作规程】

1. 得到处置指令后，迅速进行必要的风险预估，做好基本风险防范的基础准备工作。

2. 到达现场后，根据现场情况，及时调整风险防范措施，确保自身安全。

3. 到达现场后，在确保自身安全的前提下，迅速了解事故经过、伤亡损失、交通影响等基本情况，逐级上报，情况紧急的可以直接上报市局指挥中心。

4. 做好现场防护设备的安全码放，划定警戒区域，设置警戒线，清理、疏散无关车辆、人员，安排事故未受伤人员至现场上风口地带。在警戒区域外按照“远疏近密”的要求，从距来车方向 500 米以外开始设置警告标志。夜间或雨雪雾等天气情况造成能见度低于 500 米，需从来车方向 1000 米以外设置警告标志，并停放警车，打开警灯或电子显示屏示警。

5. 勘察现场如有人员伤亡，在医疗急救人员到来之前，组织抢救受伤人员，对因抢救伤员需要移动车辆、物品的，应当先标明原始位置。受伤人员被送往医院的，应当记录医院名称、地址及受伤人员基本情况。

6. 现场救助伤员的同时，为了避免二次事故，应当指挥乘客等无关人员在安全地带等候。

7. 查找相关驾驶人，并查验驾驶人及车辆相关证件、信息，如属敏感人员或车辆应及时续报。控制、保护肇事者和当事人，视情况采取临时性交通管制措施及其他控制措施，防止逃逸和其他意外发生。

8. 对于危化车辆事故，及时向驾驶人、押运人员及其他有关人员了解运载的物品种类及可能导致的后果，迅速上报危险化学品种类、危害程度、是否泄漏、死伤人员及周边河流、村庄受害等情况。

9. 根据危化品特性合理选择上风方向、障碍物后方等安全站位，避免吸入有毒气体，强化自身风险防范意识。

10. 危化品泄漏或可能出现泄漏的，根据情况对现场及周边道路采取临时交通管控措施，疏散无关车辆、群众。联系专业处置部门到场处置，危化品需要转运的，立即联系转运车辆与人员。

11. 开辟绿色通道，确保应急车道畅通，引导医疗、救援等车辆、人员顺利出入事故现场，做好辅助性工作；救护车辆不足时，启用警车或征用过往车辆协助运送伤员到医疗急救机构。

12. 利用相机、执法记录仪等设备记录事故现场。

13. 临时拦停事故现场道路后方来车，引导事故双方将车辆清移至不妨碍交通警察的地点。

14. 当时不能够清移的，要在事故车辆后方明显位置按规定码放警示标牌，开启车辆闪光警示灯，调派清障车到现场清拖；事故处理时间较长的，采取临时交通管理措施。

15. 事故现场处置后，清移警示标牌、车辆事故遗落物品等，恢复现场交通。

【注意事项】

1. 严格遵守“先防护后勘察”的现场处置原则，确保自身安全。

2. 如果涉事车辆违反交通安全法的，可以现场进行处罚。轻微违法行为以教育为主。

3. 保持通信畅通，服从命令，听从指挥。

4. 处置过程中以大局为重，不得因个人问题与现场周围群众或者当事人及家属发生摩擦，防止场面失去控制。

5. 对于危险化学品泄漏等危险情况，不得盲目操作，应立即向领导汇报，按指令采取有效措施，减少不必要的伤亡和损失。及时向驾驶人、押运人了解运载物品的情况和可能造成的危害程度，随时向上级汇报。杜绝直接接触泄漏的化学物品。

6. 在警戒区内严禁吸烟，禁止使用明火和能够产生静电的器材等，避免进行可能引起燃烧、爆炸等严重后果的行为。

7. 除发生爆炸、起火和其他原因，有人员救护的紧急情况外，民警一般不得靠近载物车，原则上营救工作由受过专门训练的消防人员承担，民警予以协助。

【主要法律、法规依据】

依据一：

《高速公路交通应急管理程序规定》第二十五条

危险化学品运输车辆交通事故交通应急管理现场处置措施：

（一）启动高速公路交通应急管理协作机制，及时向驾驶人、押运人员及其他有关人员了解运载的物品种类及可能导致的后果，迅速上报危险化学品种类、危害程度、是否泄漏、死伤人员及周边河流、村庄受害等情况；

（二）划定警戒区域，设置警戒线，清理、疏散无关车辆、人员，安排事故未受伤人员至现场上风口地带；在医疗急救机构人员到达现场之前，组织抢救受伤人员。控制、保护肇事者和当事人，防止逃逸和其他意外的发生；

（三）确保应急车道畅通，引导医疗、救援等车辆、人员顺利出入事故现场，做好辅助性工作；救护车辆不足时，启用警车或征用过往车辆协助运送伤员到医疗急救机构；

（四）严禁在事故现场吸烟、拨打手机或使用明火等可能引起燃烧、爆炸等严重后果的行为。经环境保护、安全监管等部门及公安消防机构监测可能发生重大险情的，要立即将现场警力和人员撤至安全区域；

（五）解救因车辆撞击、侧翻、失火、落水、坠落而被困的人员，排除可能存在的隐患和险情，防止发生次生交通事故。

依据二：

《交通警察道路执勤执法工作规范》第三十三条

交通警察遇到交通堵塞应当立即指挥疏导；遇严重交通堵塞的，应当采取先期处置措施，查明原因，向上级报告。

接到疏导交通堵塞指令后，应当按照工作预案，选取分流点，并视情设置临时交通标志、提示牌等交通安全设施，指挥疏导车辆。

在疏导交通堵塞时，对违法行为人以提醒、教育为主，不处罚轻微违法行为。

依据三：

《道路交通事故处理程序规定》第三十条

交通警察到达事故现场后，应当立即进行下列工作：

（一）按照事故现场安全防护有关标准和规范的要求划定警戒区域，在安全距离位置放置发光或者反光锥筒和警告标志，确定专人负责现场交通指挥和疏导。因道路交通事故导致交通中断或者现场处置、勘查需要采取封闭道路等交通管制措施的，还应当视情在事故现场来车方向提前组织分流，放置绕行提示标志；

（二）组织抢救受伤人员；

（三）指挥救护、勘查等车辆停放在安全和便于抢救、勘查的位置，开启警灯，夜间还应当开启危险报警闪光灯和示廓灯；

（四）查找道路交通事故当事人和证人，控制肇事嫌疑人；

（五）其他需要立即开展的工作。

依据四：

《道路交通事故处理程序规定》第三十五条

交通警察应当核查当事人的身份证件、机动车驾驶证、机动车行驶证、检验合格标志、保险标志等。

对交通肇事嫌疑人可以依法传唤。对在现场发现的交通肇事嫌疑人，经出示《人民警察证》，可以口头传唤，并在询问笔录中注明嫌疑人到案经过、到案时间和离开时间。

第三节　恶劣天气交通应急处置

【概念定义】

恶劣天气是指规模大、影响面广、破坏力大的雨、雪、雾、冰等灾害性天气。在恶劣天气条件下，天气能见度较低，道路积水（雪）、结冰，道路交通安全标识辨识性低，路况复杂性与危险性较高，道路交通缓慢或者阻断，甚至城市局部区域道路交通瘫痪，严重影响人民群众的日常出行便利与安全。在处置方式上，不仅需要交通警察通过采取断路、封路的交通管制措施进行全力维护与疏导，还需要其他政府部门或市政部门参与救援处置。

【操作规程】

1. 根据恶劣天气的情况与影响进行必要的风险预估，做好基本风险防范的基础准备工作。到达现场后，根据现场情况，及时调整风险防范措施，确保自身安全。

2. 观察了解道路积水（雪）或结冰区域、深度与雪雾程度、范围、能见度、车流量、对交通影响程度等内容，及时上报所属大队。

3. 在严重积水（雪）或结冰区域的开车方向码放安全锥筒及发光警示标志。

4. 采取警车前导压速行驶、巡逻过程中喊话等方式，提示司机减速慢行。用车内广播要求驾驶人开启防眩目近光灯、示廓灯和前后位灯。

5. 加强巡逻，及时发现和处置交通事故现场，严防发生次生交通事故。

6. 当能见度低于 50 米，路面结冰、积雪，无法保证车辆安全行驶或发生严重阻塞时，建议大队适时采取交通管制措施。

7. 对情况严重的道路区域内车辆实行分流。对不能分流的，实行截留，采取暂停、缓行、优先放行等措施。一旦不能保证安全通行，立即采取管控措施，防止发生车辆被淹、人员被困等情况。

8. 根据路况和上级要求，采取分段通行、间断放行、绕道通行等措施，并在外围采取分流措施，引导社会车辆绕行周边道路。

9. 了解排水、铲冰除雪等抢险作业车辆行进路线方向，最大限度保障绿色通道畅通，必要时警车带道。

10. 排水期间做好现场交通秩序维护。

11. 作业结束，恢复现场交通。

【注意事项】

1. 严格执行安全防护规定，注意自身安全。停车时要停在不影响交通的安全地带，并打开危险报警灯与电子提示牌。下车勘查时，穿好反光背心或雨衣，并时刻观察注意来往车辆。

2. 在打开警灯的基础上，可以根据现场情况打开警笛，提升警示效果。

3. 如遇人员被困、车辆被淹、滞留等情况，在保证自身安全的前提下，积极配合处置部门做好人员解救工作，待险情排除后调派清障车清移滞留车辆。

4. 对于损坏车辆，能移动的，驶入安全区域（高速公路或者快速路上车辆要停在紧急停车带或者路肩），并按规定开启危险报警闪光灯和设置故障车警告标志；不能移动的，按规定开启危险报警闪光灯和设置故障车警告标志。

5. 在雨、雪、雾等恶劣天气下，除了严重影响社会公共安全的交通违法行为外，一般不进行检查处罚。发现有严重违法嫌疑的，可以通过车载喇叭喊话的方式让对方靠边停车接受检查。

【主要法律、法规依据】

依据一：

《交通警察道路执勤执法工作规范》第五十二条

遇有雾、雨、雪等恶劣天气、自然灾害性事故以及治安、刑事案件时，交通警察应当及时向上级报告，由上级根据工作预案决定实施限制通行的交通管制措施。

依据二：

《交通警察道路执勤执法工作规范》第五十六条

在高速公路执勤遇恶劣天气时，交通警察应当采取以下措施：

（一）迅速上报路况信息，包括雾、雨、雪、冰等恶劣天气的区域范围、能见度、车流量等情况；

（二）根据路况和上级要求，采取发放警示卡、间隔放行、限制车速、巡逻喊话提醒、警车限速引导等措施；

（三）加强巡逻，及时发现和处置交通事故，严防发生次生交通事故；

（四）关闭高速公路时，要通过设置绕行提示标志、电子显示屏或者可变情报板、交通广播等方式发布提示信息。车辆分流应当在高速公路关闭区段前的站口进行，交通警察要在分流处指挥疏导。

依据三：

《中华人民共和国人民警察法》第二十一条第二款

人民警察应当积极参加抢险救灾和社会公益工作。

第四节　道路治安刑事案件先期处置

【概念定义】

道路治安刑事案件先期处置是指交通警察遇到正在道路上发生的治安、刑事案件或者根据指令赶赴道路上的治安刑事案件现场，在相关治安、刑侦部门到达现场前，采取的制止违法犯罪行为、控制违法犯罪嫌疑人、组织抢救伤者、排除险情、保护现场、进行现场询问、及时组织追缉及堵截等职务行为。

【操作规程】

1. 预设案件的各种风险，进行必要的风险防范的基本准备工作。

2. 快速到达现场，了解收集现场准确位置、物品损毁和人员伤亡、对交通影响程度等信息，及时通过电台向所属大队报告，由大队按程序逐级上报。

3. 根据具体情况，制止违法行为，控制违法人，保护群众安全。必要时，检查违法犯罪嫌疑人的车辆、物品、证件，并进行现场询问。

4. 配合有关部门组织追缉、堵截违法犯罪嫌疑人。对现行或者在逃的违法犯罪嫌疑人员可以依法采取强制措施。

5. 组织抢救伤员，疏散群众，根据现场情况呼叫增援。

6. 及时采取先期处置措施，保护现场并设置警示标志，利用锥桶、警戒带等交通安全设施做好现场的封闭和其他交通应急保障工作，将事件对交通的影响程度降到最低。

7. 根据需要，在封闭区域外围就近开辟现场处置车辆停车区域并做好维护。在保证自身安全的前提下，配合其他警种疏导周边围观人员和车辆，现场车辆可继续通行的，引导车辆安全通行；现场交通被中断的，采取临时交通管控措施，疏导车辆绕行。

8. 协调现场治安警察，将存在过激行为的人群控制在交通主干线以外，加强周边交通维护疏导，可采取远端疏导分流措施，防止阻塞交通。

9. 了解救护、处置车辆行进路线方向，根据事件性质与特点及上级指示，开辟绿色通道。

10. 处置结束后，及时恢复交通，并加强现场滞留车辆疏导，同时将案件简要处理情况通过电台上报所属大队。

【注意事项】

1. 如需要调用公交车到达现场转运人员时，及时将调用公交车数量、转运路线、目的地等情况上报。

2. 在其他部门处理过程中，可以实施交通管制。

3. 如果先期扣押嫌疑人物品，应及时移交给治安、刑侦部门，做好必要的风险防控。

4. 对于现场情况要跟进续报，初报后根据现场情况及时上报工作进展、后续情况，发现报告信息有出入时必须随时上报更正。

5. 治安刑事案件的影响范围广、损害后果大，尤其是人身安全风险系数高，必须保持高度的风险防范意识。

【主要法律、法规依据】

依据一：

《交通警察道路执勤执法工作规范》第五十七条

交通警察遇到正在发生的治安、刑事案件或者根据指令赶赴治安、刑事案件现场时，应当通知治安、刑侦部门，并根据现场情况采取以下先期处置措施：

（一）制止违法犯罪行为，控制违法犯罪嫌疑人；

（二）组织抢救伤者，排除险情；

（三）划定警戒区域，疏散围观群众，保护现场，维护好中心现场及周边道路交通秩序，确保现场处置通道畅通；

（四）进行现场询问，及时组织追缉、堵截；

（五）及时向上级报告案件（事件）性质、事态发展情况。

依据二：

《交通警察道路执勤执法工作规范》第五十八条

交通警察发现因群体性事件而堵塞交通的，应当立即向上级报告，并维护现场交通秩序。

依据三：

《中华人民共和国人民警察法》第八条

公安机关的人民警察对严重危害社会治安秩序或者威胁公共安全的人员，可以强行带离现场、依法予以拘留或者采取法律规定的其他措施。

依据四：

《中华人民共和国人民警察法》第九条第一款

为维护社会治安秩序，公安机关的人民警察对有违法犯罪嫌疑的人员，经出示相应证件，可以当场盘问、检查。

依据五：

《中华人民共和国人民警察法》第十五条

县级以上人民政府公安机关，为预防和制止严重危害社会治安秩序的行为，可以在一定的区域和时间，限制人员、车辆的通行或者停留，必要时可以实行交通管制。

公安机关的人民警察依照前款规定，可以采取相应的交通管制措施。

下　编

常见阻碍执行职务行为的处置

第一章
非接触式阻碍执行职务行为的处置

第一节　冷暴力抗拒式

【实务案例】

我是一名一线交警，最近在网络上看到一段处置交通违法行为的视频。视频显示，女司机违法后，被交警拦下，可是女司机锁闭车门不下车，阻碍交警执行职务。视频时长大约 7 分钟，2 名交警在执法过程中反复试图与女司机沟通，然而直到视频结束女司机也未下车。

请问，假如我们一线执法时遇到类似情况，应该怎么处置？

案例解析：驾驶员以一言不发、锁闭车门不下车等方式阻碍交通民警执行职务的，确实是在一线较为常见的棘手警情，隐含着较大执法风险，处置时，可参照以下规程。

【操作规程】

1. 及时取证。使用执法记录仪拍摄取证，可辅以相机、摄像机、手机等设备摄录，取证时应选择适当角度，必要时可一人手持执法记录仪，全面摄录现场情况和执法过程。有条件的，请求勤务指挥部门（指挥中心）利用街面监控视频对现场情况进行实时监控录像。做好证据采集工作，尽量收集目击群众的联系方式，以便后续取证。

2. 确保安全。设置现场警戒区域，劝离、疏散现场周边围观群众及车辆，安排专人维护秩序。选择有利站位，切忌站在被查车辆前、后位置。可采用警车合围或放置破胎器等方法，防止当事人驾车逃跑。

3. 明确警告。对锁闭车门、拒不下车接受检查的，表明交通民警身份后，使用车载扩音器进行口头警告，或出示写有警告语言（例如：停车熄火下车接受检查，否则依法采取强制措施）的条幅、纸板等方式进行警告，严正指出当事人的行为属于阻碍人民警察依法执行职务的违法行为，已被执法记录仪完整记录，将依法承担法律责任，责令当事人下车接受检查。

4. 果断处置。对涉嫌酒驾、毒驾等严重交通违法行为的，经请示勤务指挥部门（指挥中心）批准后，使用适当工具（如安全锤，含破窗功能的盾牌、警棍等）破窗。情况紧急时，可使用其他物品。破窗时应选择不易危及车内人员安全的一侧，首选无乘车人的位置，并尽量减少对车辆的损坏，避免人员受伤。

5. 传唤带离。破窗后，口头传唤当事人到公安机关。当事人拒不接受口头传唤的，可强制传唤，徒手将其制服，对人身和车辆进行安全检查后带离现场，并在二十四小时内补办相应手续。

第二节　语言纠缠式

【实务案例】

我是一名一线交警，最近我在网络上看到一段处置交通违法行为的视频。视频显示，一位驾驶员违法后，被交警拦下，可是驾驶员不接受处罚决定书或行政强制措施凭证且与民警言语纠缠，阻碍交通民警执行职务。

视频时长大约7分钟，2名警员在执法过程中与驾驶员进行沟通，然而直到视频结束也没有处置完毕。

请问，假如我们一线执法时遇到类似情况，应该怎么处置？

案例解析： 驾驶员以语言方式阻碍交通民警执行职务行为的，处置时，可参照以下规程。

【操作规程】

1\. 及时取证。使用执法记录仪拍摄取证，可辅以相机、摄像机、手机等设备摄录，取证时应选择适当角度，必要时可一人手持执法记录仪，全面摄录现场情况和执法过程。有条件的，请求勤务指挥部门（指挥中心）利用街面监控视频对现场情况进行实时监控录像。做好证据采集工作，尽量收集目击群众的联系方式，以便后续取证。

2\. 确保安全。设置现场警戒区域，劝离、疏散现场周边围观群众及车辆，安排专人维护秩序。选择有利站位，切忌站在被查车辆前、后位置。可采用警车合围或放置破胎器等方法，防止当事人驾车逃跑。对于女司机不配合工作的情况，除非必要时，一般避免直接接触其身体，有条件的请求女民警现场支援。

3. 遇交通违法行为人承认自己的交通违法行为，愿意接受处罚或行政强制措施，并在处罚决定书或行政强制措施凭证上签字，但为了赶时间、图省事又不要这些法律文书的，执勤民警应向行为人讲明理由，并将法律文书交给当事人。如交通违法行为人仍不接受法律文书的，民警应在处罚决定书或行政强制措施凭证上注明情况，视为送达，有见证人的，请见证人签字证明。

4. 民警应保持头脑冷静，使用规范文明用语，要在明确告知当事人交通违法事实的同时，耐心宣传解释相关法律规定及执法政策。如现场有多名民警，可对当事人采取“人车分离”措施，将当事人带离现场妥善处理。

第三节　语言攻击式

【实务案例】

我是一名一线交警，最近我在网络上看到一段处置交通违法的视频，视频显示，一位驾驶员违法后，被交警拦下，可是驾驶员不接受处罚决定并辱骂警察，阻碍交通民警执行职务。

视频时长大约 7 分钟，驾驶员一直辱骂交通警察直到视频结束。

请问，假如我们一线执法时遇到类似情况，应该怎么处置？

案例解析：驾驶员以语言威胁、辱骂方式阻碍交通民警执行职务行为的，是一线处警时的常见情形，处置时，可参照以下规程。

【操作规程】

1. 控制情绪。保持头脑冷静，在处置过程中做到与执法无关的话不说，与执法无关的事不做，始终法言法语，确保情绪不失控，坚决避免与当事人对骂或者以不当言行激化矛盾等不理智行为，防止授人以柄。

2. 及时取证。使用执法记录仪拍摄取证，可辅以相机、摄像机、手机等设备摄录，全程记录执法过程。有条件的，请求勤务指挥部门（指挥中心）利用街面监控视频对现场情况进行实时监控录像。做好证据采集工作，尽量收集目击群众的联系方式，以便后续取证。

3. 口头警告。严正告知交通民警正在依法履行职务，其语言威胁、辱骂交通民警的行为属于阻碍人民警察依法执行职务的违法行为，已被执法记录仪完整记录，将依法承担法律责任，责令其立即停止。

4. 传唤带离。口头警告无效的，口头传唤其到公安机关。当事人拒不接受口头传唤的，强制传唤带离现场，并在二十四小时内补办相应手续。

5. 对拒不接受处理、态度蛮横的当事人，应保持克制，讲明利害关系和后果，可引导围观人员协助对当事人进行宣传教育，缓解当事人的抵触情绪，使其认识错误，接受处理。如当事人情绪激动一时难以控制，民警可请求支援，将其带离现场处理，尽量避免在现场形成僵持的局面，必要时，应当通知属地治安部门派民警到场处理。

第四节　语言碰瓷式

【实务案例】

我是一名一线交警，最近我在网络上看到一段处置交通违法碰瓷式妨碍执行职务的视频。视频显示，女性驾驶员违法后，被交警拦下，可是女驾驶员指责民警执法不人性、执法动机不纯，试图通过碰瓷的方式阻碍交通民警执行职务。

视频时长大约 5 分钟，2 名警员在执法过程中反复试图与女司机沟通，然而直到视频结束也无结果。请问，假如我们一线执法时遇到类似情况，应该怎么处置？

案例解析：驾驶员通过碰瓷等方式阻碍交通民警执行职务行为的，是一线较为棘手的警情，处置时，可参照以下规程。

【操作规程】

民警要冷静处理，耐心解释，告知当事人如果其违法行为轻微未造成影响道路通行和安全的后果，且能够当场消除违法状态的，依法可以口头警告后放行，但对严重影响道路通行和安全的行为依法处罚，也是为了警示教育违法行为人遵守交通法规。要让当事人了解人性化执法不是不执法、降格处罚或变更处罚，处罚的依据和标准是法定的，民警无权随意降低处罚标准。要在执法过程中主动向当事人出示执法标准的法律法规依据和相关文件，积极开展交通安全法律法规宣传教育，让当事人和周围群众了解法律法规的规定和交通违法行为的危害性，争取理解和支持，对当事人的违法行为依法处理。

第二章
软接触式阻碍执行职务行为的处置

第一节　当场下跪式

【实务案例】

河北邯郸市机动车临时限行第一天，三大队两名民警执勤时发现一司机涉嫌酒驾，酒精测试时，司机的母亲跪在路中间为儿子求情，导致正常执法无法进行，影响了正常交通秩序并引起大量群众围观。当时正值上班的高峰期，路上的车辆较多，车速较快，为了保障涉事司机及其母亲的安全，避免围观群众误解，民警也跪下耐心解释。下跪执法行为，引发了社会舆论高度关注，造成了不良社会影响。

【操作规程】

1. 保持冷静，准确使用规范语言，切忌情绪急躁，用词不当，举止不端，采取过激行为。

2. 及时取证，使用执法记录仪拍摄取证，可辅以相机、摄像机、手机等设备摄录，全程记录执法过程。有条件的，请求勤务指挥部门（指挥中心）利用街面监控视频对现场情况进行实时监控录像。做好证据采集工作，尽量收集目击群众的联系方式，以便后续取证。

3. 明确分工，一名民警处置违法行为，另一名民警去积极劝导。劝导民警应避免站立在下跪人正面，引起误解，可绕至下跪者身后搀扶其起身，或采取半蹲姿势（便于交流和不失尊严地放低姿态，但注意确保安全）进行劝解，但不得采取着警服下跪等非规范动作。告知当事人法律面前人人平等，每个人都应当为自己的行为负责，采取下跪等行为不利于事情解决，公安机关会依法公正、公平处理。

4. 劝导无效的，进行口头警告，严正告知交通民警正在依法履行职务，其下跪行为属于阻碍人民警察依法执行职务的违法行为，已被执法记录仪完整记录，将依法承担法律责任，责令其立即停止。

5. 口头警告无效的，口头传唤其到公安机关。当事人拒不接受口头传唤的，强制传唤带离现场，并在二十四小时内补办相应手续。

6. 当事人被带离后，做好解释，交通民警可主动对围观群众说明事实真相，指出当事人的行为企图逃避处罚，并指出其行为的违法性和危害性，取得群众的理解和支持，避免围观群众误解或恶意解读，甚至引起群众围攻。

【注意事项】

任何一项执法，都应体现出法律的尊严和权威。在这场酒驾案例中，下跪的母亲是在“温柔妨碍执行职务”，应认定为《中华人民共和国治安管理处罚法》第五十条第一款第二项“阻碍国家机关工作人员依法执行职务的”行为，根据该法第五十条第二款规定，“阻碍人民警察依法执行职务的，从重处罚”。

因此，根据影响后果，可对下跪母亲采取警告或者罚款甚至拘留并处罚款的行政处罚。

第二节　当场下跪式（有儿童随行）

【实务案例】

2015 年 8 月 3 日，某市四名交通民警在城区道路上查获一辆未悬挂号牌的机动车，当时车上还有一名 9 岁儿童。查处时，该女驾驶人拒不配合检查，不说自己姓名、住址，不出示身份证件，跪在民警面前求情。

【操作规程】

1. 及时取证，使用执法记录仪拍摄取证，可辅以相机、摄像机、手机等设备摄录，全程记录执法过程。有条件的，请求勤务指挥部门（指挥中心）利用街面监控视频对现场情况进行实时监控录像。做好证据采集工作，尽量收集目击群众的联系方式，以便后续取证。

2. 明确处置分工。

本案中，现场处警人员为 4 人，在截停违法人员后，应首先进行处置分工。

带离控制组。人员构成为 2 - 3 人，主要负责告知肇事女司机违法行为内容和违法行为性质，负责将其带离距汽车稍远的地方后实施控制。带离时，耐心劝说，充分利用其未成年子女在场，指出其行为将会对子女产生不良影响，教育其应当为子女安全和健康成长着想，当好子女的行为表率，模范守法，配合执法。

安抚控制组。人员构成为 1－2 人，主要负责对汽车上的儿童进行隔离安抚，防止其因目睹母亲被强制执法而哭闹或突然下车造成危险。

3. 依法告知。经劝说无效的，交通民警应依法告知其行为属于阻碍人民警察依法执行职务的违法行为，已被执法记录仪完整记录，将依法承担法律责任，责令其立即停止。

4. 妥善处置。对于继续实施阻碍执法行为的当事人，劝说制止无效，确需带离现场的，交通民警可徒手或使用警械将其制服后带离。当事人未成年子女在场时，应确保其安全，要安排民警照看，温言安抚，避免其惊吓跑动造成交通意外。同时，现场处置时，要防止未成年子女突然挤入处置现场造成干扰，或个别父母拿未成年子女作为“抵挡工具”、以未成年子女安全相威胁，增加处置难度。

【注意事项】

执法行为不能因要挟而终止或变更，这是维护执法权威的重要原则，特别是对于一些以老人、儿童、残疾人等相要挟的违法行为人，要坚决依法处理，不能姑息放纵，处罚不是目的，但执法过程中，切实应将法律规定与执法的社会效果综合考量。遇有搭载老年人、未成年人、孕妇、病人等特殊人员的违法车辆，特别是对于作为唯一看护人的违法行为人，如违法情节不是十分恶劣或者没有造成严重社会后果，应尽量避免采取限制人身自由的处罚。此外，根据被执法对象的性别特点与未成年子女情况，有条件的可以请求上级选派女民警参与处置，主要负责对女性司机的思想开导、人身检查控制与未成年人的安抚。

第三节　阻碍民警行动式

【实务案例】

10月6日下午，出租车驾驶人吴某到枞阳县公安局枞阳派出所报警，称有人赖在其车上不下来。民警经了解发现，张某乘坐吴某的出租车，两人因为车费问题发生纠纷，张某在车上不肯下车，无奈之下吴某将出租车开到派出所报警。在民警的调解下，张某仍多次欲上前推搡、抓挠吴某，民警对其予以阻止。但张某不听劝阻，在派出所吵闹，继而攻击前来劝阻的民警、辅警，造成多名民警、辅警不同程度地受伤。在多次警告无效的情况下，派出所民警依法将张某控制住，刑侦民警快速固定证据、调查事实。当日，枞阳县公安局依法给予违法行为人张某行政拘留7日的处罚。

【操作规程】

1. 保持冷静。准确使用规范语言，切忌情绪急躁，用词不当，举止不端，采取过激行为。

2. 及时取证。使用执法记录仪拍摄取证，可辅以相机、摄像机、手机等设备摄录，全程记录执法过程。有条件的，请求勤务指挥部门（指挥中心）利用街面监控视频对现场情况进行实时监控录像。做好证据采集工作，尽量收集目击群众的联系方式，以便后续取证。

3. 民警应当及时指出张某违法行为已构成拒绝或阻碍人民警察依法执行职务，告知当事人法律面前人人平等，每个人都应当为自己的行为负责，阻碍警察执法的行为不利于事情解决，公安机关会依法公正、公平处理。

4. 口头警告。劝导无效的，严正告知民警正在依法履行职务，其行为属于阻碍人民警察依法执行职务的违法行为，已被执法记录仪完整记录，将依法承担法律责任，责令其立即停止。

【注意事项】

要做到有理有力有节，要防止激化矛盾，扩大事态，但不能着警服以下跪等非规范动作进行执法。若遇到当事人下跪等极端情况，且周围群众围观拍摄，可依据现场情况由一名交通民警站立负责警戒并记录证据，其他交通民警迅速将当事人带离现场，或者由一名交通民警蹲下（便于交流和不失尊严地放低姿态）对当事人进行劝解，其他交通民警疏导交通。

要积极主动对围观群众进行简要案情说明，争取大部分群众的理解支持，至少也能起到避免围观群众恶意解读甚至对交通民警群起攻之的后果。

第四节　行为反常式（强吻、拥抱交警等）

【实务案例】

某日18时许，兰州市公安局交警支队西固大队四名执勤人员在南滨河路西沙黄河大桥丁字路口西向北左转弯方向执勤时发现，一辆正在行驶中的白色雪佛兰轿车驾驶人未系安全带，即上前纠正并要求驾驶员出示驾驶证、行驶证。驾驶人拒不出示驾驶证，并对执勤民警进行辱骂。执勤民警再次让其出示证件，驾驶人还是拒不出示，情绪激动冲下车推了一把执勤民警，并揪住其衣领进行辱骂。这时该车又下来两女子，一个将执勤民警从身后拦腰抱住，另一个劝该驾驶人松手，引起多人围观。

【操作规程】

1. 保持冷静。交通民警要控制情绪，坚持文明用语、规范执法。

2. 及时取证。使用执法记录仪拍摄取证，可辅以相机、摄像机、手机等设备，全程记录执法过程，注意重点摄录其中起主要作用的关键人员。有条件的，请求勤务指挥部门（指挥中心）利用街面监控视频对现场情况进行实时监控录像。做好证据采集工作，尽量收集目击群众的联系方式，以便后续取证。

3. 分工明确，两民警应对拥抱人进行劝导，被拥抱的民警双手举起，不给当事人更多找茬的机会，对劝导无效的，应严正警告其行为属于阻碍人民警察依法执行职务或妨害公务的违法犯罪行为，已被执法记录仪完整记录，将依法承担法律责任，责令其立即停止。另两名民警对驾驶人进行处罚。

4. 妥善处置。对于继续实施阻碍执法行为的当事人，劝说制止无效，确需带离现场的，交通民警可徒手或使用警械将其制服后带离。

5. 做好解释。当事人被带离后，交通民警可主动对围观群众说明事实真相，指出当事人的行为企图逃避处罚，并指出其行为的违法性和危害性，取得群众的理解和支持。

【注意事项】

被拥抱的民警尽量不要反抗，以免产生不必要的误会，要积极主动对围观群众进行简要案情说明，争取大部分群众的理解支持，至少也能起到避免围观群众恶意解读甚至对交通民警群起攻之的后果。

第五节　阻拦警车式

【实务案例】

2015 年 11 月 15 日，某地交警大队民警王某驾驶警车例行巡逻时，发现路边有违法停放的车辆后，下车进行拍照取证，粘贴告知单后离开。其中一位被粘贴违停告知单的驾驶人驾车追赶警车，最终逼停警车，并对民警进行辱骂。民警对该驾驶人再三劝阻，但对方置若罔闻，持续推搡、辱骂。因该路段过往车辆较多，民警考虑如处置不当，很可能引发群体性事件，于是始终保持冷静，克制情绪，耐心与驾驶人沟通，用平和的态度和娴熟的法律知识向违法驾驶人解释其违反哪条交通法律法规，要求违法驾驶人对其不当言论道歉，使得违法驾驶人心服口服，围观群众也大大称赞。最后，违法驾驶人认识到了自己的错误，对自己的行为和不当言行当场悔过，并向民警及辅警道歉，公安机关依法对其违法停车、截停警车并辱骂交通民警的行为给予了行政处罚。

【操作规程】

1. 及时取证。交通民警应依法佩戴使用执法记录仪，同时可用手机等设备进行拍摄，记录违法行为事实和执法全过程。要做好证人证言等证据采集工作，尽量收集目击群众的联系方式，以便后续取证。

2. 依法告知。交通民警要及时运用政策、法律法规进行教育宣传，通过清晰、准确告知，让当事人认识到违法行为的性质、危害后果及应当承担的法律责任。

3. 口头制止。当事人驾车截停警车，交通民警应保持冷静，立即警告其行为违反《中华人民共和国治安管理处罚法》，严重干扰交通民警执行职务，且执法过程被执法记录仪完整记录，命令其停止实施。

4. 及时处置。经口头制止无效的，交通民警应快速进行现场评估，具备警力优势的，可采取徒手或者使用催泪喷射器等警械制止违法行为人；不具备警力优势的，应迅速向勤务指挥部门报告，请求警力支援。支援警力到达后，迅速控制现场，制服违法行为人并带离现场。

【注意事项】

交通民警要时刻保持理性、冷静，密切关注道路交通环境，注意车辆之间的横向和纵向安全距离，谨慎驾驶，确保自身及周围群众安全，并严正警告违法行为人靠边停车、接受检查，不得与违法行为人相互挤别。

第六节　第三方参与式

【实务案例】

2015 年 9 月 6 日晚 22 时许，某市交警支队中队长曹某某带领交通协管员徐某等 7 人，在该市某路例行酒驾检查。交通协管员徐某对一辆轿车进行检查时，驾驶人陈某不愿意配合。坐在副驾驶座位的孙某跳下车来，出言不逊，态度恶劣，左手抓住徐某衣领，右手捏住警帽，与徐某理论后，以徐某打他为由，先后多次扇徐某耳光。在整个过程中，徐某一直没有还手，只是一直说："我没有打人，有视频，你放开手。"通过网络视频得知，打人的孙某一直叫嚣："从小到大都是我打人，从没有被欺负过。你丢工作，老子花点钱。"经酒精检测，孙某每百毫升血液中酒精含量达到 90 毫克，处于醉酒状态。孙某后因涉嫌妨害公务罪被该市公安机关刑事拘留。

【操作规程】

1. 保持冷静。交通民警要控制情绪，坚持文明用语、规范执法，避免与群众发生肢体接触，防止因情绪失控失去理智与群众发生冲突。

2. 及时取证。使用执法记录仪拍摄取证，可辅以相机、摄像机、手机等设备，全程记录执法过程，注意重点摄录其中起主要作用的关键人员。有条件的，请求勤务指挥部门（指挥中心）利用街面监控视频对现场情况进行实时监控录像。做好证据采集工作，现场有见证人的，应当及时收集证人证言。孙某当时诬蔑执勤执法人员打他，如有围观群众，要及时向他们说明真实情况，做好围观人员的思想工作，留下其电话号码，便于以后调查取证，为揭露犯罪、证实犯罪、惩罚犯罪奠定基础。

3. 口头告知。执勤交通民警应当告知孙某，交通协管员现在是协助交通民警依法执行检查酒驾任务，机动车驾驶人应当自觉配合，拒绝或阻碍依法执行职务的言行，属于治安管理违法行为，当场实施暴力或者以暴力相威胁的，涉嫌妨害公务罪，将被依法追究刑事责任。对以帮助当事人逃避处罚为目的的哄闹，应严正警告其行为属于阻碍人民警察依法执行职务或妨害公务的违法犯罪行为，已被执法记录仪完整记录，将依法承担法律责任，责令其立即停止。

4. 及时报告。多人聚众哄闹阻碍执法且口头警告无效的，应立即向勤务指挥部门（指挥中心）报告，并进行现场评估。经评估不具备警力优势的，应请求警力增援，增援警力到达后，迅速控制现场。

5. 果断制服。将带头闹事的主要人员制服，强行带离现场。在前述案例中就孙某实施的暴力行为，执勤民警可在口头警告孙某停止不法侵害的同时，采取果断措施，使用徒手或警械将其制服，但不得采取对打、互殴等报复性措施。

6. 控制车辆。陈某拒绝接受检查，涉嫌酒后驾驶，孙某打骂交通协管员，也有转移注意力的可能，要注意控制陈某的车辆（可通过遮挡前后风挡玻璃等措施）；对陈某驾驶的车辆号牌要进行拍照，固定证据；在控制住孙某后，要进一步控制陈某，防止其趁机弃车逃跑或者驾车逃跑。

7. 解释教育。注意辨别哄闹对象及其目的：对不明真相的围观群众讲清法理，说明事理，摆明情理、指出驾驶人的交通违法行为，争取大多数群众和乘车人的理解、支持。

【注意事项】

一线执勤执法的交通民警，在查处酒后驾驶机动车违法行为时，应当进行科学研判，根据实际情况，制定切实可行的查处流程方案。要加强交通民警和交通协管员实战训练，提高实战能力。在查处工作中，应遵循统一部署的预案程序。

第三章
接触式阻碍执行职务行为的处置

第一节　行为抗拒式

【实务案例】

民警王某驾驶警车例行巡逻时，发现路边有违法停放的车辆后，下车进行拍照取证并粘贴告知单。其中一位被粘贴违停告知单的驾驶人张某对民警进行辱骂。民警对张某再三劝阻，但对方置若罔闻，持续推搡、辱骂。在双方沟通期间该路段过往车辆较多。

请问，假如我们一线执法时遇到类似情况，应该怎么处置？

案例解析：本案件中，过往车辆较多，遇到该类案件若处置不当，很可能引发群体性事件。可参照以下规程。

【操作规程】

1. 开启执法记录仪进行取证。

本案中只有一名处警人员王某，若有多名处警人员时，应注意协调站位，选择最佳拍摄角度，必要时可一人手持执法记录仪拍摄。

2. 依法告知。

告知违法行为人处罚的法律依据。违法行为人不予配合的，告知其在提交相应的证明文件或接受处理后会及时返还，要求其主动配合。

3. 口头警告。

确保自身安全的情况下，应对当事人进行口头警告，如：“我正在依法履行我的职务，根据《中华人民共和国人民警察法》第三十五第一款和《中华人民共和国治安管理处罚法》第五十条第一款第二项的规定，你现在的行为属于阻碍人民警察依法执行职务的违反治安管理行为。请你立即停止你的行为并配合我们的执法工作。”

4. 果断处置。

口头警告无效的，应立即向勤务指挥部门（指挥中心）报告，并快速进行现场评估，不具备警力优势的，请求警力增援，等待期间保持安全距离，暂停与当事人的对话和进一步动作，确需回答的，运用法言法语、简明扼要予以答复。具备警力优势的，根据《中华人民共和国人民警察使用警械和武器条例》第七条第一款第五项：以暴力方法抗拒或者阻碍人民警察依法履行职责的，经警告无效的，可以使用警棍 、催泪弹、高压水枪、特种防暴枪等驱逐性、制服性警械制服当事人。人民警察应当依规使用警械，以制止违法犯罪行为为限度；当违法犯罪行为得到制止时，应当立即停止使用，且不得采取对打、互殴等报复性动作。

5. 强行带离。

制服当事人后，应当立即使用手铐、脚镣、警绳等约束性警械将其约束，对其人身和携带物品进行安全检查后强行带离现场，避免围观。驾车带离时，可使用警报器以增强威慑性。

【注意事项】

1. 遇到这种情况，要时刻保持理性冷静。交通民警要密切关注道路交通环境，注意车辆之间的横向和纵向安全距离，谨慎驾驶，确保自身及周围群众安全，并严正警告违法行为人靠边停车、接受检查，不得与违法行为人相互挤别。

2. 在沟通过程中民警应始终保持冷静，克制情绪，耐心与驾驶人沟通，用平和的态度和娴熟的法律知识向违法驾驶人解释其违反哪条交通法律法规，并要求违法驾驶人对其不当言论道歉。在使当事人心服口服的同时更好地树立人民警察的形象和执法权威。

3. 对警告无效，但不宜直接予以制服的女性、老人和残疾人等特殊群体，可采取保持距离、选取有利站位等方式避免冲突升级，耐心劝说教育，同时迅速向勤务指挥中心报告，需使用强制手段制服的，尽可能进行徒手制服，控制女性执法对象时，避免坐压或接触其敏感部位，并在第一时间带离现场。

第二节　行为暴力式

【实务案例】

民警曹某带领交通协管员徐某等7人，在某路例行检查。交通协管员徐某在对一辆轿车进行检查时，要求驾驶人出示初始驾驶证与行驶证，驾驶人陈某不愿意配合。坐在副驾驶座位的孙某跳下车来，出言不逊，态度恶劣，从后备箱拿出一根长一米左右的木棍，先是与曹某等人理论，后以徐某打他为由，多次用木棍殴打徐某。在整个过程中，徐某一直没有还手，只是一直说："我没有打人，有视频，你放开手。"通过网络视频得知，打人的孙某一直叫嚣，手持木棍袭击徐某而徐某并未还手。

请问，假如我们一线执法时遇到类似情况，应该怎么处置？

案例解析：此类案件危险性大，后果严重，若处置不当，不仅会对执法人员造成人身伤害，还会对过往行人车辆的交通安全造成严重威胁。处置时，可参照以下规程。

【操作规程】

1. 及时报告。

一旦出现当事人使用棍棒或刀具等凶器袭击执勤交通民警行为，民警应当在确保自身安全的同时，立即向勤务指挥部门（指挥中心）报告，请求多警种警力增援。如本案中，孙某从后备箱拿出木棍时，民警就应该对事态的严重性进行预判，及时向指挥中心报告，请求多种警力增援。

2. 保持警戒。

违法犯罪嫌疑人持棍棒、刀具等乱砍乱捅的，交通民警在确保自身安全的前提下，应及时设置警戒区域，疏散现场无关人员，同时提醒过往人员、车辆注意安全。在此基础上，选取适当工具做好个人防护措施，确保安全距离，同时注意观察警戒，根据现场条件择机采取控制措施。

3. 及时取证。

使用执法记录仪拍摄取证，可辅以相机、摄像机、手机等设备，有条件的，请求勤务指挥部门（指挥中心）利用街面监控视频对现场情况进行实时监控录像。

4. 果断处置。

经现场评估不具备警力优势的，在增援警力到达前，交通民警应与其保持安全距离，采取包围或半包围等安全站位，利用警械或现场可以利用的物品对违法犯罪嫌疑人进行控制，争取将其限制在特定的范围内，避免伤害现场围观群众。具备警力优势的，根据《中华人民共和国人民警察使用警械和武器条例》第七条第一款第六项：袭击人民警察的，经警告无效的，可以使用警棍 、催泪弹、高压水枪、特种防暴枪等驱逐性、制服性警械予以制止，情况紧急或像本案中执勤执法人员人身安全受到严重威胁的，可依法使用枪支等武器制服违法犯罪嫌疑人。武器使用和注意事项应按照公安机关有关规定执行。

5. 强行带离。

制服违法犯罪嫌疑人后，应立即使用手铐、警绳等警械将其约束，对其人身和携带物品进行安全检查后强行带离现场。

6. 伤员救治。

对于现场有人员受伤的，应及时通知急救部门到场救治。在急救医务人员到达之前，应采取积极稳妥的救治措施。

【注意事项】

一旦发生此类案件，各个执勤执法人员一定要注意协调配合，若当事人出现袭击执勤执法人员的行为，要有 2 - 3 人负责疏散围观群众，保证群众的安全；1 人负责向指挥中心报告，2－3 人则负责使用警械对当事人进行制服、约束。

第三节 驾车冲撞式

【实务案例】

某市一名交通民警在城区闹市区路口执勤，发现驾驶人孙某试图从直行车道违法转入左转待转区。被正在执勤的该交通民警制止后，孙某再次从直行车道违法转入左转弯待转区。该交通民警告知孙某应按交通信号通行，孙某不服从指挥，先是慢速驾车左转，该交通民警将手伸入车窗拉拽车门试图阻止，孙某非但不停止反而加速行驶，致该交通民警被拖行数米后，身体在空中翻转，脑部着地。该交通民警因抢救无效死亡。

请问，假如我们一线执法时遇到类似情况，应该怎么处置？

案例解析：该类案件若不严格按照规范步骤执行，将直接对交通民警自身安全以及公共安全和他人生命安全造成严重威胁。处置时，可参考以下规程。

【操作规程】

1. 安全站位。

注意观察判断违法车辆的行驶方向、速度，并注视驾驶人的举动，应选择与车辆、车辆可能的运行轨迹保持一定距离的地点站位，严禁站在车辆正前或正后方。驾驶人没有下车前，民警身体原则上不得进入距车体两侧80cm或车门半径内。比如本案中，民警在制止孙某违法行为时，应当站在孙某机动车的左侧或右侧，在告知对方违法事实与依据时，应保持站在距离车门80cm或车门半径以外，并时刻关注驾驶人的举动，保证自己的人身安全。

2. 安全防护。

遇有机动车驾驶人拒绝停车的，不得站在车辆行驶方向前方强行拦截，或脚踏车辆踏板，将头、手臂等部位伸进车辆驾驶室，不得用手攀扒、拉拽车辆。若像本案中孙某强行闯关或故意冲撞，交通民警要及时避让，避免自己受到伤害。

3. 注意取证。

确保执法记录仪始终处于开启状态，收集和固定违法车辆证据，并重点记录车辆牌照号码、驾驶人面貌特征等要素，可辅以相机、摄像机、手机等设备摄录，全程记录执法过程。有条件的，请求勤务指挥部门（或指挥中心）利用街面监控视频对现场情况进行实时监控录像。做好证据采集工作，尽量收集目击群众的联系方式，以便后续取证。

4. 查控车辆。

遇有嫌疑车辆不按指令进入待检区、驾驶人拒不下车，或发现嫌疑车辆有其他企图强行闯卡等情形时，可采用警车围堵或放置破胎器等方法，防止当事人驾车逃跑。对驾车冲撞后逃跑的，要迅速记下机动车号牌、车型、特征、行驶方向等，立即报告勤务指挥部门（指挥中心），并通知违法车辆行驶方向的交通民警组织拦截，依法处理。除机动车驾驶人驾车逃跑后可能对公共安全和他人生命安全有严重威胁以外，不得驾车追缉，不得拉拽车辆或驾乘人员。

【注意事项】

此案中现场执勤交通民警发现孙某实施道路交通安全违法行为时，应当严格按照《交通警察道路执勤执法工作规范》等相关规定，示意当事人停车接受检查，如对方拒绝接受检查并驾车逃跑时，应当通知前方执勤交通民警拦截或者记下车号和车辆特征等，事后追究违法行为人的法律责任。若像本案中民警采用拉拽车门等方法强行拦截违法车辆，既无效也非常危险。

第四章
其他阻碍执行职务行为的处置

第一节　索要证件式

【实务案例】

某公司员工谢某，违法将自己的小型客车逆向停放在设有禁停标志的路段。正在该路段巡查、身着交通民警制服式样服装的某交警支队交通协管员冯某要求谢某将车驶离该处。谢某要求冯某出示警官证，冯某未出示。谢某拒不驶离，声称自己是中国公民，冯某无警官证无权要求其离开。对话中谢某情绪越来越激动，一再要求冯某出示警官证。冯某用手机打完一个电话后要求谢某出示驾驶证，并且拉住驾驶室车门口头警告其不要离开，等交通民警过来处理。谢某以冯某未出示警官证为由拒绝出示驾驶证，随后进入所驾车辆驾驶室，强行关上车门，准备离开。冯某见状，一手伸入本已开着的驾驶室车窗抓住谢某衣服，一手掏出随身佩带的制式伸缩式警棍指着谢某，要求其下车。二人短暂僵持后随即被该公司的另一员工拉开。谢某随后又下车，情绪更加激动，高声诘问冯某上街执法却不带警官证“有没有王法”。冯某再次用手机打了电话后转身离开。谢某呼喊其同事，一起尾随冯某至其巡逻摩托车跟前要看冯某“警号”，冯某被迫摘下所谓“警号”（即胸牌）交给谢某。谢某随即向围观者及拍摄视频者展示。这段视频开始在网上广泛传播，引发热议。

请问，假如我们一线执法时遇到类似情况，应该怎么处置？

案例解析：被要求出示执法证件这类的警情若不能严格遵守执法规范程序执法的话可能会有损人民警察的形象以及执法权威性，在处置这类案件时，可参照以下规程。

【操作规程】

交通协管员操作规程指引：

1. 开启执法记录仪。

2. 对当事人表明身份。

本案中交通协管员冯某要求违法停车的谢某将车驶离该处，但谢某不服从管理并索要冯某执法证件。在劝离过程中以及被索要警察证件时，应当告知对方身份并声明自己的工作任务。比如对谢某说：“我是某交通大队的交通协管员，您将车辆逆向停在此地，已造成违法事实，我将采集您的违法行为信息，但该违法行为信息只是交通民警调查取证的一个线索，只有核实才能作为处罚的依据，这不属于法律规定的必须出示执法证件的情形，若您对我的行为有异议，可以向我的上级部门或者公安交管部门反映。”

3. 请求警力支援。

若谢某仍拒绝驶离，交通协管员冯某应离开现场，报告交通民警处理；如遇紧急情况，可直接报告勤务指挥机构调集警力支援。

民警操作规程指引：

1. 开启执法记录仪。

民警应做好证据采集工作，尽量收集目击群众的联系方式，以便后续取证。

2. 出示证件。

若处警人员为人民警察，首先要向违法行为人主动出示人民警察证件，表明执法身份，但不能把人民警察证件交由违法行为人查验。其次要向违法行为人强调："人民警察证是代表交通民警执法身份的合法证明。"

3. 依法控制处置。

民警应依法告知其违法行为、对其进行口头警告："我是某交通大队的民警，您将车辆违法停在此地，违反了《中华人民共和国道路交通安全法实施条例》第六十三条第一项规定，现对你进行口头警告，请您立即将车辆驶离此地。"若警告无效，对谢某进行传唤带离。若谢某拒不接受口头传唤，民警应强制传唤带离现场，强制传唤时，根据《中华人民共和国人民警察使用警械和武器条例》第八条第一款第二项规定，人民警察依法执行逮捕、拘留、看押、押解、审讯、拘传、强制传唤时，有其他危险行为的，可以使用手铐、脚镣、警绳等约束性警械，并在二十四小时内补办相应手续。

【注意事项】

1. 对于违法停车行为，交通协管员的主要工作目标应以劝离和采集违法行为信息为主，尽量避免与驾驶人发生争执。谢某虽然一开始不配合，但后来准备驾车离开时，交通协管员冯某应在采集信息后允许其离开，尽量避免不必要的冲突。

2. 面对驾驶人或围观者的质疑，要向其表明自己交通协管员的身份，说明自己协助交通民警依法采集违法停车信息，不属于检查、扣押等执法行为。

第二节 聚众滋事式

【实务案例】

民警赵某在某路段执勤时发现一辆豪华轿车违法停放，于是上前劝阻，驾驶人何某看到民警赵某靠近便驾车驶离，但经过几次劝阻后，何某仍驾车开回原地，继续违法停放。民警赵某继续劝阻，并告知将对其拒不驶离行为依法予以处罚。何某向民警求情被拒后大声叫嚣："信不信我让你脱警服？"经现场核查，何某未随车携带机动车行驶证，该机动车前窗右上角也未按规定粘贴检验合格标志。民警告知何某要依法扣留其车辆，请车主带齐证件前往交警大队接受处理。何某极不乐意并唆使其父亲等人站在车前大喊"交警打人了"，引起群众围观。何某父亲等人还死死地抱住民警胳膊，阻碍民警拖离车辆，场面一度十分混乱。

请问，假如我们一线执法时遇到类似情况，应该怎么处置？

案例解析：以煽动亲友的方式阻碍交警执行职务的司机违法类警情，也是在一线较为常见的棘手警情。若不能及时有效地控制住现场，将有损交警执法的权威以及交警的自身安全。处置时，可参照以下规程。

【操作规程】

1. 客观取证。检查执法记录仪是否正常工作，并调整拍摄视角，必要时可以采用手拿式摄录，确保关键场景行为完整摄取。同时，立即通过电台报告，并寻求周围执勤同事帮助和请求上级调派警力支援。

2. 口头警告。

交警首先应向当事人告知违法事实及法律依据，并劝其配合管理："我是某交通大队的民警，您违法停放车辆，并且未随车携带机动车行驶证，该机动车也未按规定进行安全技术检验。违反了《道路交通安全法实施条例》的第十六条第一款第三项的规定，请您配合我们的执法并接受处罚。"若对方拒不配合，且有像前述案例中何某唆使其父亲等人大喊"交警打人了"，以及死死地抱住民警胳膊、阻碍民警拖离车辆等恶意阻碍执法行为的，民警应对当事人以及当事人的亲友进行严正警告："您的行为属于阻碍民警依法执行职务（或妨害公务）的违法犯罪行为，请您立即停止您的行为并配合我们的工作。"在沟通过程中，民警要保持冷静，控制好情绪，坚持文明用语、规范执法，避免与群众发生肢体接触，防止因情绪失控失去理智与群众发生冲突。

3. 及时制止。

口头制止无效、违法行为人继续阻碍执法的，交警要迅速进行现场评估，具备警力优势的，根据《人民警察使用警械和武器条例》第七条第一款第五项规定，在进行安全检查后强行带离现场；不具备警力优势的，应请求警力增援，增援警力到达后，迅速控制现场，将带头闹事的主要人员制服，强行带离现场。

4. 做好群众的释法明理工作。

比如针对前述案例，可以这样释明："此地不允许停放车辆，这位男士不仅违法停放车辆，并且对其进行多次劝离无果，这样的行为有可能会在短时间内造成该路段的大量拥堵现象；除此之外，这位男士不随车携带机动车行驶证，也没有按规定对机动车进行安全技术检验就上路行驶，这是对其他驾驶人以及其他所有交通参与者不负责任的行为，而这位男士不仅不为大家的安全着想，更唆使父亲做出妨碍公务的行为。我们应当重视并阻止这样的行为出现，更要严格依照法律对何先生等人进行处罚。"

【注意事项】

1. 面对何某及其父亲等人阻碍执行职务的行为，交通民警需对现场进行及时、客观、准确评估，在现场不具备警力优势时，应当及时呼叫支援，并有效控制现场，现场警力之间要形成合力。

2. 对于这类案件，各地公安交管部门要跟踪关注交通民警和辅警正当执勤执法被侵害案件的后续处理，对这类公安机关依法处罚的阻碍执行职务案例和司法机关依法惩处的暴力袭击民警和辅警案例，要加大宣传力度，切实维护交警执法权威。

第三节 儿童陪伴式

【实务案例】

我是一名一线交警，最近我在朋友圈看到一段处置交通违法袭警案件的视频。视频显示，女司机违章后三次开车顶撞民警，被4名警员试图带走。视频时长大约5分钟，4名警员在执法过程中反复与女司机在汽车旁理论，车内儿童也不断传出哭喊声，可能是因为顾及有儿童在场，直到视频结束女司机也未被有效控制。

请问，假如我们一线执法时遇到类似情况，应该怎么处置？

案例解析：携带有小孩的司机违法类警情，确实是在一线较为常见的棘手警情，隐含着较大执法风险，处置时，可参照以下规程。

【操作规程】

1. 开启执法记录仪。

2. 明确处置分工。

本案中，现场处警人员为4人，在截停违法人员后，应首先进行处置分工。

（1）带离控制组。人员构成为2－3人，主要负责告知肇事女司机违法行为内容和违法行为性质，并且将其带离距汽车稍远的地方后实施控制。

带离时，民警可使用较为委婉的语言方式，如对女司机说“不要让小孩看到你在和我们争吵，我们到一边说好不好”等类似用语，策略性地将女司机转移至距离汽车较远的地方后，再视情使用警械等控制。

（2）安抚控制组。人员构成为1－2人，主要负责对汽车上的儿童进行隔离安抚，防止其因目睹母亲被强势执法而哭闹或突然下车造成危险。

【注意事项】

1. 隔离控制组务必明确本组的主要任务，即隔离和控制。隔离是手段，强制隔离无效的应考虑选择策略性隔离（或优先选择策略性隔离），策略性隔离主要是使用语言艺术将当事人“请”到预计隔离的地点。

2. 安抚控制组应同时将汽车号牌等报告指挥中心，尽快查找联系其他家属，以备在女司机被采取强制措施后，其他家属能及时赶到照顾车上儿童等。

第四节 网络辱警式

【实务案例】

某地网安大队联合派出所依法查处一起网络辱警案，违法嫌疑人李某（男，32 岁，山西省文水县人）多次在社交群和微信朋友圈等网络平台发布大量辱骂警察正常执法的言论，这些言论败坏了人民警察的形象，严重影响了公安机关正常执法活动，在社会上造成非常恶劣的影响。

经调查，李某因乱停车被交警处罚而心生怨恨，今年又因其在社交群中看到交警在清理违法停放车辆的信息后，虽然将自己违法停放的车辆驶离，但仍心怀不满，为泄私愤，遂发布辱骂警察的言论。

请问，假如我们一线执法时遇到类似情况，应该怎么处置？

案例解析：如今网络发达，信息传递具有及时性、广泛性，对于在网络上公开辱骂警察的行为，极易对公安机关及其人民警察造成相当恶劣的影响，在处理网络辱警案件时可参照以下规程。

【操作规程】

1. 锁定散播源头。通过各大社交平台交友软件关注涉警负面言论关注度较高的信息。如：通过微博热搜，关注转发量、点击量较高的涉警负面言论、视频，并对该博主进行锁定。

2. 收集证据。将涉警负面言论所散播的信息，保存、截图、打印并留存作为证据使用。如果散播的信息中包括视频、音频等，需保存并储存在电子介质中。另外，还需对了解辱警事实的当事人进行询问取证。

3. 传唤当事人，对当事人进行询问。本案中违法嫌疑人李某因涉嫌寻衅滋事被警方传唤，现场传唤警员人数为 2 人，进行询问的警员也为 2 人，对询问的过程进行录音录像。

4. 固定证据，认定违法事实。通过收集到的证据（书证：涉警负面言论的截图打印稿；违法嫌疑人的供述：询问笔录；证人证言：了解案件事实，知道违法嫌疑人发布辱警言论、视频、音频的人的询问笔录；电子数据：储存于电子介质中违法嫌疑人的辱警视、音频等）认定违法嫌疑人的违法事实，根据违法事实对违法行为进行行政、刑事处罚。

【注意事项】

1. 公安民警在进行收集证据时应做到保存及时。

2. 在询问违法嫌疑人时要做到有 2 名公安民警在场进行询问。

3. 询问的时长要加以把握，要控制在 8 个小时以内，如果涉及行政拘留可以延长至 24 小时。

4. 询问时要保证被询问人的休息和饮食。

5. 及时控制辱警言论的传播，并通过官方软件发布相应的情况说明导向。

6. 要时刻秉持教育为主、惩罚为辅原则的理念，树立典型。

7. 搜集证据，确定犯法事实是办理网络辱警案件的主要任务。对于网络违法犯罪，搜集直接构成犯罪的证据是关键。

8. 及时制止网络辱警违法行为。关于警察正常执法的不当言论，有损人民警察的形象，会严重影响公安机关正常执法活动，从而在社会上造成非常恶劣的影响。因此，在不当言论出现时，应及时采取合理合法的措施，防止其扩散传播。

9. 对此类案件进行防范与预防，需注意：首先，要加大网络监管的力度，及时发现在网络上辱骂警察，造谣生事的违法人员。其次，在我们日常执法过程中应注意把握尺度，在公正、严格执法的同时，从民众的利益出发，做到执法规范化，尽力消除警民之间的矛盾。

附　录

执勤执法常用文件汇编

道路交通事故处理程序规定

（2017年7月22日中华人民共和国公安部令第146号公布　自2018年5月1日起施行）

第一章　总　　则

第一条　为了规范道路交通事故处理程序，保障公安机关交通管理部门依法履行职责，保护道路交通事故当事人的合法权益，根据《中华人民共和国道路交通安全法》及其实施条例等有关法律、行政法规，制定本规定。

第二条　处理道路交通事故，应当遵循合法、公正、公开、便民、效率的原则，尊重和保障人权，保护公民的人格尊严。

第三条　道路交通事故分为财产损失事故、伤人事故和死亡事故。

财产损失事故是指造成财产损失，尚未造成人员伤亡的道路交通事故。

伤人事故是指造成人员受伤，尚未造成人员死亡的道路交通事故。

死亡事故是指造成人员死亡的道路交通事故。

第四条　道路交通事故的调查处理应当由公安机关交通管理部门负责。

财产损失事故可以由当事人自行协商处理，但法律法规及本规定另有规定的除外。

第五条 交通警察经过培训并考试合格，可以处理适用简易程序的道路交通事故。

处理伤人事故，应当由具有道路交通事故处理初级以上资格的交通警察主办。

处理死亡事故，应当由具有道路交通事故处理中级以上资格的交通警察主办。

第六条 公安机关交通管理部门处理道路交通事故应当使用全国统一的交通管理信息系统。

鼓励应用先进的科技装备和先进技术处理道路交通事故。

第七条 交通警察处理道路交通事故，应当按照规定使用执法记录设备。

第八条 公安机关交通管理部门应当建立与司法机关、保险机构等有关部门间的数据信息共享机制，提高道路交通事故处理工作信息化水平。

第二章 管　　辖

第九条 道路交通事故由事故发生地的县级公安机关交通管理部门管辖。未设立县级公安机关交通管理部门的，由设区的市公安机关交通管理部门管辖。

第十条 道路交通事故发生在两个以上管辖区域的，由事故起始点所在地公安机关交通管理部门管辖。

对管辖权有争议的，由共同的上一级公安机关交通管理部门指定管辖。指定管辖前，最先发现或者最先接到报警的公安机关交通管理部门应当先行处理。

第十一条 上级公安机关交通管理部门在必要的时候，可以处理下级公安机关交通管理部门管辖的道路交通事故，或者指定下级公安机关交通管理部门限时将案件移送其他下级公安机关交通管理部门处理。

案件管辖权发生转移的，处理时限从案件接收之日起计算。

第十二条 中国人民解放军、中国人民武装警察部队人员、车辆发生道路交通事故的，按照本规定处理。依法应当吊销、注销中国人民解放军、中国人民武装警察部队核发的机动车驾驶证以及对现役军人实施行政拘留或者追究刑事责任的，移送中国人民解放军、中国人民武装警察部队有关部门处理。

上道路行驶的拖拉机发生道路交通事故的，按照本规定处理。公安机关交通管理部门对拖拉机驾驶人依法暂扣、吊销、注销驾驶证或者记分处理的，应当将决定书和记分情况通报有关的农业（农业机械）主管部门。吊销、注销驾驶证的，还应当将驾驶证送交有关的农业（农业机械）主管部门。

第三章 报警和受案

第十三条 发生死亡事故、伤人事故的，或者发生财产损失事故且有下列情形之一的，当事人应当保护现场并立即报警：

（一）驾驶人无有效机动车驾驶证或者驾驶的机动车与驾驶证载明的准驾车型不符的；

（二）驾驶人有饮酒、服用国家管制的精神药品或者麻醉药品嫌疑的；

（三）驾驶人有从事校车业务或者旅客运输，严重超过额定乘员载客，或者严重超过规定时速行驶嫌疑的；

（四）机动车无号牌或者使用伪造、变造的号牌的；

（五）当事人不能自行移动车辆的；

（六）一方当事人离开现场的；

（七）有证据证明事故是由一方故意造成的。

驾驶人必须在确保安全的原则下，立即组织车上人员疏散到路外安全地点，避免发生次生事故。驾驶人已因道路交通事故死亡或者受伤无法行动的，车上其他人员应当自行组织疏散。

第十四条 发生财产损失事故且有下列情形之一，车辆可以移动的，当事人应当组织车上人员疏散到路外安全地点，在确保安全的原则下，采取现场拍照或者标划事故车辆现场位置等方式固定证据，将车辆移至不妨碍交通的地点后报警：

（一）机动车无检验合格标志或者无保险标志的；

（二）碰撞建筑物、公共设施或者其他设施的。

第十五条 载运爆炸性、易燃性、毒害性、放射性、腐蚀性、传染病病原体等危险物品车辆发生事故的，当事人应当立即报警，危险物品车辆驾驶人、押运人应当按照危险物品安全管理法律、法规、规章以及有关操作规程的规定，采取相应的应急处置措施。

第十六条 公安机关及其交通管理部门接到报警的，应当受理，制作受案登记表并记录下列内容：

（一）报警方式、时间，报警人姓名、联系方式，电话报警的，还应当记录报警电话；

（二）发生或者发现道路交通事故的时间、地点；

（三）人员伤亡情况；

（四）车辆类型、车辆号牌号码，是否载有危险物品以及危险物品的种类、是否发生泄漏等；

（五）涉嫌交通肇事逃逸的，还应当询问并记录肇事车辆的车型、颜色、特征及其逃逸方向、逃逸驾驶人的体貌特征等有关情况。

报警人不报姓名的，应当记录在案。报警人不愿意公开姓名的，应当为其保密。

第十七条 接到道路交通事故报警后，需要派员到现场处置，或者接到出警指令的，公安机关交通管理部门应当立即派交通警察赶赴现场。

第十八条 发生道路交通事故后当事人未报警，在事故现场撤除后，当事人又报警请求公安机关交通管理部门处理的，公安机关交通管理部门应当按照本规定第十六条规定的记录内容予以记录，并在三日内作出是否接受案件的决定。

经核查道路交通事故事实存在的，公安机关交通管理部门应当受理，制作受案登记表；经核查无法证明道路交通事故事实存在，或者不属于公安机关交通管理部门管辖的，应当书面告知当事人，并说明理由。

第四章 自行协商

第十九条 机动车与机动车、机动车与非机动车发生财产损失事故，当事人应当在确保安全的原则下，采取现场拍照或者标划事故车辆现场位置等方式固定证据后，立即撤离现场，将车辆移至不妨碍交通的地点，再协商处理损害赔偿事宜，但有本规定第十三条第一款情形的除外。

非机动车与非机动车或者行人发生财产损失事故，当事人应当先撤离现场，再协商处理损害赔偿事宜。

对应当自行撤离现场而未撤离的，交通警察应当责令当事人撤离现场；造成交通堵塞的，对驾驶人处以200元罚款。

第二十条 发生可以自行协商处理的财产损失事故，当事人可以通过互联网在线自行协商处理；当事人对事实及成因有争议的，可以通过互联网共同申请公安机关交通管理部门在线确定当事人的责任。

当事人报警的，交通警察、警务辅助人员可以指导当事人自行协商处理。当事人要求交通警察到场处理的，应当指派交通警察到现场调查处理。

第二十一条 当事人自行协商达成协议的，制作道路交通事故自行协商协议书，并共同签名。道路交通事故自行协商协议书应当载明事故发生的时间、地点、天气、当事人姓名、驾驶证号或者身份证号、联系方式、机动车种类和号牌号码、保险公司、保险凭证号、事故形态、碰撞部位、当事人的责任等内容。

第二十二条 当事人自行协商达成协议的，可以按照下列方式履行道路交通事故损害赔偿：

（一）当事人自行赔偿；

（二）到投保的保险公司或者道路交通事故保险理赔服务场所办理损害赔偿事宜。

当事人自行协商达成协议后未履行的，可以申请人民调解委员会调解或者向人民法院提起民事诉讼。

第五章 简易程序

第二十三条 公安机关交通管理部门可以适用简易程序处理以下道路交通事故，但有交通肇事、危险驾驶犯罪嫌疑的除外：

（一）财产损失事故；

（二）受伤当事人伤势轻微，各方当事人一致同意适用简易程序处理的伤人事故。

适用简易程序的，可以由一名交通警察处理。

第二十四条 交通警察适用简易程序处理道路交通事故时，应当在固定现场证据后，责令当事人撤离现场，恢复交通。拒不撤离现场的，予以强制撤离。当事人无法及时移动车辆影响通行和交通安全的，交通警察应当将车辆移至不妨碍交通的地点。具有本规定第十三条第一款第一项、第二项情形之一的，按照《中华人民共和国道路交通安全法实施条例》第一百零四条规定处理。

撤离现场后，交通警察应当根据现场固定的证据和当事人、证人陈述等，认定并记录道路交通事故发生的时间、地点、天气、当事人姓名、驾驶证号或者身份证号、联系方式、机动车种类和号牌号码、保险公司、保险凭证号、道路交通事故形态、碰撞部位等，并根据本规定第六十条确定当事人的责任，当场制作道路交通事故认定书。不具备当场制作条件的，交通警察应当在三日内制作道路交通事故认定书。

道路交通事故认定书应当由当事人签名，并现场送达当事人。当事人拒绝签名或者接收的，交通警察应当在道路交通事故认定书上注明情况。

第二十五条 当事人共同请求调解的，交通警察应当当场进行调解，并在道路交通事故认定书上记录调解结果，由当事人签名，送达当事人。

第二十六条 有下列情形之一的，不适用调解，交通警察可以在道路交通事故认定书上载明有关情况后，将道路交通事故认定书送达当事人：

（一）当事人对道路交通事故认定有异议的；

（二）当事人拒绝在道路交通事故认定书上签名的；

（三）当事人不同意调解的。

第六章 调 查

第一节 一般规定

第二十七条 除简易程序外，公安机关交通管理部门对道路交通事故进行调查时，交通警察不得少于二人。

交通警察调查时应当向被调查人员出示《人民警察证》，告知被调查人依法享有的权利和义务，向当事人发送联系卡。联系卡载明交通警察姓名、办公地址、联系方式、监督电话等内容。

第二十八条 交通警察调查道路交通事故时，应当合法、及时、客观、全面地收集证据。

第二十九条 对发生一次死亡三人以上道路交通事故的，公安机关交通管理部门应当开展深度调查；对造成其他严重后果或者存在严重安全问题的道路交通事故，可以开展深度调查。具体程序另行规定。

第二节 现场处置和调查

第三十条 交通警察到达事故现场后，应当立即进行下列工作：

（一）按照事故现场安全防护有关标准和规范的要求划定警戒区域，在安全距离位置放置发光或者反光锥筒和警告标志，确定专人负责现场交通指挥和疏导。因道路交通事故导致交通中断或者现场处置、勘查需要采取封闭道路等交通管制措施的，还应当视情在事故现场来车方向提前组织分流，放置绕行提示标志；

（二）组织抢救受伤人员；

（三）指挥救护、勘查等车辆停放在安全和便于抢救、勘查的位置，开启警灯，夜间还应当开启危险报警闪光灯和示廓灯；

（四）查找道路交通事故当事人和证人，控制肇事嫌疑人；

（五）其他需要立即开展的工作。

第三十一条 道路交通事故造成人员死亡的，应当经急救、医疗人员或者法医确认，并由具备资质的医疗机构出具死亡证明。尸体应当存放在殡葬服务单位或者医疗机构等有停尸条件的场所。

第三十二条 交通警察应当对事故现场开展下列调查工作：

（一）勘查事故现场，查明事故车辆、当事人、道路及其空间关系和事故发生时的天气情况；

（二）固定、提取或者保全现场证据材料；

（三）询问当事人、证人并制作询问笔录；现场不具备制作询问笔录条件的，可以通过录音、录像记录询问过程；

（四）其他调查工作。

第三十三条 交通警察勘查道路交通事故现场，应当按照有关法规和标准的规定，拍摄现场照片，绘制现场图，及时提取、采集与案件有关的痕迹、物证等，制作现场勘查笔录。现场勘查过程中发现当事人涉嫌利用交通工具实施其他犯罪的，应当妥善保护犯罪现场和证据，控制犯罪嫌疑人，并立即报告公安机关主管部门。

发生一次死亡三人以上事故的，应当进行现场摄像，必要时可以聘请具有专门知识的人参加现场勘验、检查。

现场图、现场勘查笔录应当由参加勘查的交通警察、当事人和见证人签名。当事人、见证人拒绝签名或者无法签名以及无见证人的，应当记录在案。

第三十四条 痕迹、物证等证据可能因时间、地点、气象等原因导致改变、毁损、灭失的，交通警察应当及时固定、提取或者保全。

对涉嫌饮酒或者服用国家管制的精神药品、麻醉药品驾驶车辆的人员，公安机关交通管理部门应当按照《道路交通安全违法行为处理程序规定》及时抽血或者提取尿样等检材，送交有检验鉴定资质的机构进行检验。

车辆驾驶人员当场死亡的，应当及时抽血检验。不具备抽血条件的，应当由医疗机构或者鉴定机构出具证明。

第三十五条 交通警察应当核查当事人的身份证件、机动车驾驶证、机动车行驶证、检验合格标志、保险标志等。

对交通肇事嫌疑人可以依法传唤。对在现场发现的交通肇事嫌疑人，经出示《人民警察证》，可以口头传唤，并在询问笔录中注明嫌疑人到案经过、到案时间和离开时间。

第三十六条 勘查事故现场完毕后，交通警察应当清点并登记现场遗留物品，迅速组织清理现场，尽快恢复交通。

现场遗留物品能够当场发还的，应当当场发还并做记录；当场无法确定所有人的，应当登记，并妥善保管，待所有人确定后，及时发还。

第三十七条 因调查需要，公安机关交通管理部门可以向有关单位、个人调取汽车行驶记录仪、卫星定位装置、技术监控设备的记录资料以及其他与事故有关的证据材料。

第三十八条 因调查需要，公安机关交通管理部门可以组织道路交通事故当事人、证人对肇事嫌疑人、嫌疑车辆等进行辨认。

辨认应当在交通警察的主持下进行。主持辨认的交通警察不得少于二人。多名辨认人对同一辨认对象进行辨认时，应当由辨认人个别进行。

辨认时，应当将辨认对象混杂在特征相类似的其他对象中，不得给辨认人任何暗示。辨认肇事嫌疑人时，被辨认的人数不得少于七人；对肇事嫌疑人照片进行辨认的，不得少于十人的照片。辨认嫌疑车辆时，同类车辆不得少于五辆；对肇事嫌疑车辆照片进行辨认时，不得少于十辆的照片。

对尸体等特定辨认对象进行辨认，或者辨认人能够准确描述肇事嫌疑人、嫌疑车辆独有特征的，不受数量的限制。

对肇事嫌疑人的辨认，辨认人不愿意公开进行时，可以在不暴露辨认人的情况下进行，并应当为其保守秘密。

对辨认经过和结果，应当制作辨认笔录，由交通警察、辨认人、见证人签名。必要时，应当对辨认过程进行录音或者录像。

第三十九条 因收集证据的需要，公安机关交通管理部门可以扣留事故车辆，并开具行政强制措施凭证。扣留的车辆应当妥善保管。

公安机关交通管理部门不得扣留事故车辆所载货物。对所载货物在核实重量、体积及货物损失后，通知机动车驾驶人或者货物所有人自行处理。无法通知当事人或者当事人不自行处理的，按照《公安机关办理行政案件程序规定》的有关规定办理。

严禁公安机关交通管理部门指定停车场停放扣留的事故车辆。

第四十条 当事人涉嫌犯罪的，因收集证据的需要，公安机关交通管理部门可以依据《中华人民共和国刑事诉讼法》《公安机关办理刑事案件程序规定》，扣押机动车驾驶证等与事故有关的物品、证件，并按照规定出具扣押法律文书。扣押的物品应当妥善保管。

对扣押的机动车驾驶证等物品、证件，作为证据使用的，应当随案移送，并制作随案移送清单一式两份，一份留存，一份交人民检察院。对于实物不宜移送的，应当将其清单、照片或者其他证明文件随案移送。待人民法院作出生效判决后，按照人民法院的通知，依法作出处理。

第四十一条 经过调查，不属于公安机关交通管理部门管辖的，应当将案件移送有关部门并书面通知当事人，或者告知当事人处理途径。

公安机关交通管理部门在调查过程中，发现当事人涉嫌交通肇事、危险驾驶犯罪的，应当按照《中华人民共和国刑事诉讼法》《公安机关办理刑事案件程序规定》立案侦查。发现当事人有其他违法犯罪嫌疑的，应当及时移送有关部门，移送不影响事故的调查和处理。

第四十二条 投保机动车交通事故责任强制保险的车辆发生道路交通事故，因抢救受伤人员需要保险公司支付抢救费用的，公安机关交通管理部门应当书面通知保险公司。

抢救受伤人员需要道路交通事故社会救助基金垫付费用的，公安机关交通管理部门应当书面通知道路交通事故社会救助基金管理机构。

道路交通事故造成人员死亡需要救助基金垫付丧葬费用的，公安机关交通管理部门应当在送达尸体处理通知书的同时，告知受害人亲属向道路交通事故社会救助基金管理机构提出书面垫付申请。

第三节 交通肇事逃逸查缉

第四十三条 公安机关交通管理部门应当根据管辖区域和道路情况，制定交通肇事逃逸案件查缉预案，并组织专门力量办理交通肇事逃逸案件。

发生交通肇事逃逸案件后，公安机关交通管理部门应当立即启动查缉预案，布置警力堵截，并通过全国机动车缉查布控系统查缉。

第四十四条 案发地公安机关交通管理部门可以通过发协查通报、向社会公告等方式要求协查、举报交通肇事逃逸车辆或者侦破线索。发出协查通报或者向社会公告时，应当提供交通肇事逃逸案件基本事实、交通肇事逃逸车辆情况、特征及逃逸方向等有关情况。

中国人民解放军和中国人民武装警察部队车辆涉嫌交通肇事逃逸的，公安机关交通管理部门应当通报中国人民解放军、中国人民武装警察部队有关部门。

第四十五条 接到协查通报的公安机关交通管理部门，应当立即布置堵截或者排查。发现交通肇事逃逸车辆或者嫌疑车辆的，应当予以扣留，依法传唤交通肇事逃逸人或者与协查通报相符的嫌疑人，并及时将有关情况通知案发地公安机关交通管理部门。案发地公安机关交通管理部门应当立即派交通警察前往办理移交。

第四十六条 公安机关交通管理部门查获交通肇事逃逸车辆或者交通肇事逃逸嫌疑人后，应当按原范围撤销协查通报，并通过全国机动车缉查布控系统撤销布控。

第四十七条 公安机关交通管理部门侦办交通肇事逃逸案件期间，交通肇事逃逸案件的受害人及其家属向公安机关交通管理部门询问案件侦办情况的，除依法不应当公开的内容外，公安机关交通管理部门应当告知并做好记录。

第四十八条 道路交通事故社会救助基金管理机构已经为受害人垫付抢救费用或者丧葬费用的，公安机关交通管理部门应当在交通肇事逃逸案件侦破后及时书面告知道路交通事故社会救助基金管理机构交通肇事逃逸驾驶人的有关情况。

第四节 检验、鉴定

第四十九条 需要进行检验、鉴定的，公安机关交通管理部门应当按照有关规定，自事故现场调查结束之日起三日内委托具备资质的鉴定机构进行检验、鉴定。

尸体检验应当在死亡之日起三日内委托。对交通肇事逃逸车辆的检验、鉴定自查获肇事嫌疑车辆之日起三日内委托。

对现场调查结束之日起三日后需要检验、鉴定的，应当报经上一级公安机关交通管理部门批准。

对精神疾病的鉴定，由具有精神病鉴定资质的鉴定机构进行。

第五十条 检验、鉴定费用由公安机关交通管理部门承担，但法律法规另有规定或者当事人自行委托伤残评定、财产损失评估的除外。

第五十一条 公安机关交通管理部门应当与鉴定机构确定检验、鉴定完成的期限，确定的期限不得超过三十日。超过三十日的，应当报经上一级公安机关交通管理部门批准，但最长不得超过六十日。

第五十二条 尸体检验不得在公众场合进行。为了确定死因需要解剖尸体的，应当征得死者家属同意。死者家属不同意解剖尸体的，经县级以上公安机关或者上一级公安机关交通管理部门负责人批准，可以解剖尸体，并且通知死者家属到场，由其在解剖尸体通知书上签名。

死者家属无正当理由拒不到场或者拒绝签名的，交通警察应当在解剖尸体通知书上注明。对身份不明的尸体，无法通知死者家属的，应当记录在案。

第五十三条 尸体检验报告确定后，应当书面通知死者家属在十日内办理丧葬事宜。无正当理由逾期不办理的应记录在案，并经县级以上公安机关或者上一级公安机关交通管理部门负责人批准，由公安机关或者上一级公安机关交通管理部门处理尸体，逾期存放的费用由死者家属承担。

对于没有家属、家属不明或者因自然灾害等不可抗力导致无法通知或者通知后家属拒绝领回的，经县级以上公安机关或者上一级公安机关交通管理部门负责人批准，可以及时处理。

对身份不明的尸体，由法医提取人身识别检材，并对尸体拍照、采集相关信息后，由公安机关交通管理部门填写身份不明尸体信息登记表，并在设区的市级以上报纸刊登认尸启事。登报后三十日仍无人认领的，经县级以上公安机关或者上一级公安机关交通管理部门负责人批准，可以及时处理。

因宗教习俗等原因对尸体处理期限有特殊需要的，经县级以上公安机关或者上一级公安机关交通管理部门负责人批准，可以紧急处理。

第五十四条 鉴定机构应当在规定的期限内完成检验、鉴定，并出具书面检验报告、鉴定意见，由鉴定人签名，鉴定意见还应当加盖机构印章。检验报告、鉴定意见应当载明以下事项：

（一）委托人；

（二）委托日期和事项；

（三）提交的相关材料；

（四）检验、鉴定的时间；

（五）依据和结论性意见，通过分析得出结论性意见的，应当有分析证明过程。

检验报告、鉴定意见应当附有鉴定机构、鉴定人的资质证明或者其他证明文件。

第五十五条 公安机关交通管理部门应当对检验报告、鉴定意见进行审核，并在收到检验报告、鉴定意见之日起五日内，将检验报告、鉴定意见复印件送达当事人，但有下列情形之一的除外：

（一）检验、鉴定程序违法或者违反相关专业技术要求，可能影响检验报告、鉴定意见公正、客观的；

（二）鉴定机构、鉴定人不具备鉴定资质和条件的；

（三）检验报告、鉴定意见明显依据不足的；

（四）故意作虚假鉴定的；

（五）鉴定人应当回避而没有回避的；

（六）检材虚假或者检材被损坏、不具备鉴定条件的；

（七）其他可能影响检验报告、鉴定意见公正、客观的情形。

检验报告、鉴定意见有前款规定情形之一的，经县级以上公安机关交通管理部门负责人批准，应当在收到检验报告、鉴定意见之日起三日内重新委托检验、鉴定。

第五十六条 当事人对检验报告、鉴定意见有异议，申请重新检验、鉴定的，应当自公安机关交通管理部门送达之日起三日内提出书面申请，经县级以上公安机关交通管理部门负责人批准，原办案单位应当重新委托检验、鉴定。检验报告、鉴定意见不具有本规定第五十五条第一款情形的，经县级以上公安机关交通管理部门负责人批准，由原办案单位作出不准予重新检验、鉴定的决定，并在作出决定之日起三日内书面通知申请人。

同一交通事故的同一检验、鉴定事项，重新检验、鉴定以一次为限。

第五十七条 重新检验、鉴定应当另行委托鉴定机构。

第五十八条 自检验报告、鉴定意见确定之日起五日内，公安机关交通管理部门应当通知当事人领取扣留的事故车辆。

因扣留车辆发生的费用由作出决定的公安机关交通管理部门承担，但公安机关交通管理部门通知当事人领取，当事人逾期未领取产生的停车费用由当事人自行承担。

经通知当事人三十日后不领取的车辆，经公告三个月仍不领取的，对扣留的车辆依法处理。

第七章 认定与复核

第一节 道路交通事故认定

第五十九条 道路交通事故认定应当做到事实清楚、证据确实充分、适用法律正确、责任划分公正、程序合法。

第六十条 公安机关交通管理部门应当根据当事人的行为对发生道路交通事故所起的作用以及过错的严重程度，确定当事人的责任。

（一）因一方当事人的过错导致道路交通事故的，承担全部责任；

（二）因两方或者两方以上当事人的过错发生道路交通事故的，根据其行为对事故发生的作用以及过错的严重程度，分别承担主要责任、同等责任和次要责任；

（三）各方均无导致道路交通事故的过错，属于交通意外事故的，各方均无责任。

一方当事人故意造成道路交通事故的，他方无责任。

第六十一条 当事人有下列情形之一的，承担全部责任：

（一）发生道路交通事故后逃逸的；

（二）故意破坏、伪造现场、毁灭证据的。

为逃避法律责任追究，当事人弃车逃逸以及潜逃藏匿的，如有证据证明其他当事人也有过错，可以适当减轻责任，但同时有证据证明逃逸当事人有第一款第二项情形的，不予减轻。

第六十二条 公安机关交通管理部门应当自现场调查之日起十日内制作道路交通事故认定书。交通肇事逃逸案件在查获交通肇事车辆和驾驶人后十日内制作道路交通事故认定书。对需要进行检验、鉴定的，应当在检验报告、鉴定意见确定之日起五日内制作道路交通事故认定书。

有条件的地方公安机关交通管理部门可以试行在互联网公布道路交通事故认定书，但对涉及的国家秘密、商业秘密或者个人隐私，应当保密。

第六十三条 发生死亡事故以及复杂、疑难的伤人事故后，公安机关交通管理部门应当在制作道路交通事故认定书或者道路交通事故证明前，召集各方当事人到场，公开调查取得的证据。

证人要求保密或者涉及国家秘密、商业秘密以及个人隐私的，按照有关法律法规的规定执行。

当事人不到场的，公安机关交通管理部门应当予以记录。

第六十四条 道路交通事故认定书应当载明以下内容：

（一）道路交通事故当事人、车辆、道路和交通环境等基本情况；

（二）道路交通事故发生经过；

（三）道路交通事故证据及事故形成原因分析；

（四）当事人导致道路交通事故的过错及责任或者意外原因；

（五）作出道路交通事故认定的公安机关交通管理部门名称和日期。

道路交通事故认定书应当由交通警察签名或者盖章，加盖公安机关交通管理部门道路交通事故处理专用章。

第六十五条 道路交通事故认定书应当在制作后三日内分别送达当事人，并告知申请复核、调解和提起民事诉讼的权利、期限。

当事人收到道路交通事故认定书后，可以查阅、复制、摘录公安机关交通管理部门处理道路交通事故的证据材料，但证人要求保密或者涉及国家秘密、商业秘密以及个人隐私的，按照有关法律法规的规定执行。公安机关交通管理部门对当事人复制的证据材料应当加盖公安机关交通管理部门事故处理专用章。

第六十六条 交通肇事逃逸案件尚未侦破，受害一方当事人要求出具道路交通事故认定书的，公安机关交通管理部门应当在接到当事人书面申请后十日内，根据本规定第六十一条确定各方当事人责任，制作道路交通事故认定书，并送达受害方当事人。道路交通事故认定书应当载明事故发生的时间、地点、受害人情况及调查得到的事实，以及受害方当事人的责任。

交通肇事逃逸案件侦破后，已经按照前款规定制作道路交通事故认定书的，应当按照本规定第六十一条重新确定责任，制作道路交通事故认定书，分别送达当事人。重新制作的道路交通事故认定书除应当载明本规定第六十四条规定的内容外，还应当注明撤销原道路交通事故认定书。

第六十七条 道路交通事故基本事实无法查清、成因无法判定的，公安机关交通管理部门应当出具道路交通事故证明，载明道路交通事故发生的时间、地点、当事人情况及调查得到的事实，分别送达当事人，并告知申请复核、调解和提起民事诉讼的权利、期限。

第六十八条 由于事故当事人、关键证人处于抢救状态或者因其他客观原因导致无法及时取证，现有证据不足以认定案件基本事实的，经上一级公安机关交通管理部门批准，道路交通事故认定的时限可中止计算，并书面告知各方当事人或者其代理人，但中止的时间最长不得超过六十日。

当中止认定的原因消失，或者中止期满受伤人员仍然无法接受调查的，公安机关交通管理部门应当在五日内，根据已经调查取得的证据制作道路交通事故认定书或者出具道路交通事故证明。

第六十九条 伤人事故符合下列条件，各方当事人一致书面申请快速处理的，经县级以上公安机关交通管理部门负责人批准，可以根据已经取得的证据，自当事人申请之日起五日内制作道路交通事故认定书：

（一）当事人不涉嫌交通肇事、危险驾驶犯罪的；

（二）道路交通事故基本事实及成因清楚，当事人无异议的。

第七十条 对尚未查明身份的当事人，公安机关交通管理部门应当在道路交通事故认定书或者道路交通事故证明中予以注明，待身份信息查明以后，制作书面补充说明送达各方当事人。

第二节 复 核

第七十一条 当事人对道路交通事故认定或者出具道路交通事故证明有异议的，可以自道路交通事故认定书或者道路交通事故证明送达之日起三日内提出书面复核申请。当事人逾期提交复核申请的，不予受理，并书面通知申请人。

复核申请应当载明复核请求及其理由和主要证据。同一事故的复核以一次为限。

第七十二条 复核申请人通过作出道路交通事故认定的公安机关交通管理部门提出复核申请的，作出道路交通事故认定的公安机关交通管理部门应当自收到复核申请之日起二日内将复核申请连同道路交通事故有关材料移送上一级公安机关交通管理部门。

复核申请人直接向上一级公安机关交通管理部门提出复核申请的，上一级公安机关交通管理部门应当通知作出道路交通事故认定的公安机关交通管理部门自收到通知之日起五日内提交案卷材料。

第七十三条 除当事人逾期提交复核申请的情形外，上一级公安机关交通管理部门收到复核申请之日即为受理之日。

第七十四条 上一级公安机关交通管理部门自受理复核申请之

日起三十日内，对下列内容进行审查，并作出复核结论：

（一）道路交通事故认定的事实是否清楚、证据是否确实充分、适用法律是否正确、责任划分是否公正；

（二）道路交通事故调查及认定程序是否合法；

（三）出具道路交通事故证明是否符合规定。

复核原则上采取书面审查的形式，但当事人提出要求或者公安机关交通管理部门认为有必要时，可以召集各方当事人到场，听取各方意见。

办理复核案件的交通警察不得少于二人。

第七十五条 复核审查期间，申请人提出撤销复核申请的，公安机关交通管理部门应当终止复核，并书面通知各方当事人。

受理复核申请后，任何一方当事人就该事故向人民法院提起诉讼并经人民法院受理的，公安机关交通管理部门应当将受理当事人复核申请的有关情况告知相关人民法院。

受理复核申请后，人民检察院对交通肇事犯罪嫌疑人作出批准逮捕决定的，公安机关交通管理部门应当将受理当事人复核申请的有关情况告知相关人民检察院。

第七十六条 上一级公安机关交通管理部门认为原道路交通事故认定事实清楚、证据确实充分、适用法律正确、责任划分公正、程序合法的，应当作出维持原道路交通事故认定的复核结论。

上一级公安机关交通管理部门认为调查及认定程序存在瑕疵，但不影响道路交通事故认定的，在责令原办案单位补正或者作出合理解释后，可以作出维持原道路交通事故认定的复核结论。

上一级公安机关交通管理部门认为原道路交通事故认定有下列情形之一的，应当作出责令原办案单位重新调查、认定的复核结论：

（一）事实不清的；

（二）主要证据不足的；

（三）适用法律错误的；

（四）责任划分不公正的；

（五）调查及认定违反法定程序可能影响道路交通事故认定的。

第七十七条 上一级公安机关交通管理部门审查原道路交通事故证明后，按下列规定处理：

（一）认为事故成因确属无法查清，应当作出维持原道路交通事故证明的复核结论；

（二）认为事故成因仍需进一步调查的，应当作出责令原办案单位重新调查、认定的复核结论。

第七十八条 上一级公安机关交通管理部门应当在作出复核结论后三日内将复核结论送达各方当事人。公安机关交通管理部门认为必要的，应当召集各方当事人，当场宣布复核结论。

第七十九条 上一级公安机关交通管理部门作出责令重新调查、认定的复核结论后，原办案单位应当在十日内依照本规定重新调查，重新作出道路交通事故认定，撤销原道路交通事故认定书或者原道路交通事故证明。

重新调查需要检验、鉴定的，原办案单位应当在检验报告、鉴定意见确定之日起五日内，重新作出道路交通事故认定。

重新作出道路交通事故认定的，原办案单位应当送达各方当事人，并报上一级公安机关交通管理部门备案。

第八十条 上一级公安机关交通管理部门可以设立道路交通事故复核委员会，由办理复核案件的交通警察会同相关行业代表、社会专家学者等人员共同组成，负责案件复核，并以上一级公安机关交通管理部门的名义作出复核结论。

第八章　处罚执行

第八十一条　公安机关交通管理部门应当按照《道路交通安全违法行为处理程序规定》，对当事人的道路交通安全违法行为依法作出处罚。

第八十二条　对发生道路交通事故构成犯罪，依法应当吊销驾驶人机动车驾驶证的，应当在人民法院作出有罪判决后，由设区的市公安机关交通管理部门依法吊销机动车驾驶证。同时具有逃逸情形的，公安机关交通管理部门应当同时依法作出终生不得重新取得机动车驾驶证的决定。

第八十三条　专业运输单位六个月内两次发生一次死亡三人以上事故，且单位或者车辆驾驶人对事故承担全部责任或者主要责任的，专业运输单位所在地的公安机关交通管理部门应当报经设区的市公安机关交通管理部门批准后，作出责令限期消除安全隐患的决定，禁止未消除安全隐患的机动车上道路行驶，并通报道路交通事故发生地及运输单位所在地的人民政府有关行政管理部门。

第九章　损害赔偿调解

第八十四条　当事人可以采取以下方式解决道路交通事故损害赔偿争议：

（一）申请人民调解委员会调解；

（二）申请公安机关交通管理部门调解；

（三）向人民法院提起民事诉讼。

第八十五条　当事人申请人民调解委员会调解，达成调解协议后，双方当事人认为有必要的，可以根据《中华人民共和国人民调解法》共同向人民法院申请司法确认。

当事人申请人民调解委员会调解，调解未达成协议的，当事人可以直接向人民法院提起民事诉讼，或者自人民调解委员会作出终止调解之日起三日内，一致书面申请公安机关交通管理部门进行调解。

第八十六条 当事人申请公安机关交通管理部门调解的，应当在收到道路交通事故认定书、道路交通事故证明或者上一级公安机关交通管理部门维持原道路交通事故认定的复核结论之日起十日内一致书面申请。

当事人申请公安机关交通管理部门调解，调解未达成协议的，当事人可以依法向人民法院提起民事诉讼，或者申请人民调解委员会进行调解。

第八十七条 公安机关交通管理部门应当按照合法、公正、自愿、及时的原则进行道路交通事故损害赔偿调解。

道路交通事故损害赔偿调解应当公开进行，但当事人申请不予公开的除外。

第八十八条 公安机关交通管理部门应当与当事人约定调解的时间、地点，并于调解时间三日前通知当事人。口头通知的，应当记入调解记录。

调解参加人因故不能按期参加调解的，应当在预定调解时间一日前通知承办的交通警察，请求变更调解时间。

第八十九条 参加损害赔偿调解的人员包括：

（一）道路交通事故当事人及其代理人；

（二）道路交通事故车辆所有人或者管理人；

（三）承保机动车保险的保险公司人员；

（四）公安机关交通管理部门认为有必要参加的其他人员。

委托代理人应当出具由委托人签名或者盖章的授权委托书。授权委托书应当载明委托事项和权限。

参加损害赔偿调解的人员每方不得超过三人。

第九十条 公安机关交通管理部门受理调解申请后，应当按照下列规定日期开始调解：

（一）造成人员死亡的，从规定的办理丧葬事宜时间结束之日起；

（二）造成人员受伤的，从治疗终结之日起；

（三）因伤致残的，从定残之日起；

（四）造成财产损失的，从确定损失之日起。

公安机关交通管理部门受理调解申请时已超过前款规定的时间，调解自受理调解申请之日起开始。

公安机关交通管理部门应当自调解开始之日起十日内制作道路交通事故损害赔偿调解书或者道路交通事故损害赔偿调解终结书。

第九十一条 交通警察调解道路交通事故损害赔偿，按照下列程序实施：

（一）告知各方当事人权利、义务；

（二）听取各方当事人的请求及理由；

（三）根据道路交通事故认定书认定的事实以及《中华人民共和国道路交通安全法》第七十六条的规定，确定当事人承担的损害赔偿责任；

（四）计算损害赔偿的数额，确定各方当事人承担的比例，人身损害赔偿的标准按照《中华人民共和国侵权责任法》《最高人民法院关于审理人身损害赔偿案件适用法律若干问题的解释》《最高人民法院关于审理道路交通事故损害赔偿案件适用法律若干问题的解释》

等有关规定执行，财产损失的修复费用、折价赔偿费用按照实际价值或者评估机构的评估结论计算；

（五）确定赔偿履行方式及期限。

第九十二条 因确定损害赔偿的数额，需要进行伤残评定、财产损失评估的，由各方当事人协商确定有资质的机构进行，但财产损失数额巨大涉嫌刑事犯罪的，由公安机关交通管理部门委托。

当事人委托伤残评定、财产损失评估的费用，由当事人承担。

第九十三条 经调解达成协议的，公安机关交通管理部门应当当场制作道路交通事故损害赔偿调解书，由各方当事人签字，分别送达各方当事人。

调解书应当载明以下内容：

（一）调解依据；

（二）道路交通事故认定书认定的基本事实和损失情况；

（三）损害赔偿的项目和数额；

（四）各方的损害赔偿责任及比例；

（五）赔偿履行方式和期限；

（六）调解日期。

经调解各方当事人未达成协议的，公安机关交通管理部门应当终止调解，制作道路交通事故损害赔偿调解终结书，送达各方当事人。

第九十四条 有下列情形之一的，公安机关交通管理部门应当终止调解，并记录在案：

（一）调解期间有一方当事人向人民法院提起民事诉讼的；

（二）一方当事人无正当理由不参加调解的；

（三）一方当事人调解过程中退出调解的。

第九十五条 有条件的地方公安机关交通管理部门可以联合有关部门，设置道路交通事故保险理赔服务场所。

第十章 涉外道路交通事故处理

第九十六条 外国人在中华人民共和国境内发生道路交通事故的，除按照本规定执行外，还应当按照办理涉外案件的有关法律、法规、规章的规定执行。

公安机关交通管理部门处理外国人发生的道路交通事故，应当告知当事人我国法律、法规、规章规定的当事人在处理道路交通事故中的权利和义务。

第九十七条 外国人发生道路交通事故有下列情形之一的，不准其出境：

（一）涉嫌犯罪的；

（二）有未了结的道路交通事故损害赔偿案件，人民法院决定不准出境的；

（三）法律、行政法规规定不准出境的其他情形。

第九十八条 外国人发生道路交通事故并承担全部责任或者主要责任的，公安机关交通管理部门应当告知道路交通事故损害赔偿权利人可以向人民法院提出采取诉前保全措施的请求。

第九十九条 公安机关交通管理部门在处理道路交通事故过程中，使用中华人民共和国通用的语言文字。对不通晓我国语言文字的，应当为其提供翻译；当事人通晓我国语言文字而不需要他人翻译的，应当出具书面声明。

经公安机关交通管理部门批准，外国人可以自行聘请翻译，翻译费由当事人承担。

第一百条 享有外交特权与豁免的人员发生道路交通事故时，应当主动出示有效身份证件，交通警察认为应当给予暂扣或者吊销机动车驾驶证处罚的，可以扣留其机动车驾驶证。需要对享有外交特权与豁免的人员进行调查的，可以约谈，谈话时仅限于与道路交通事故有关的内容。需要检验、鉴定车辆的，公安机关交通管理部门应当征得其同意，并在检验、鉴定后立即发还。

公安机关交通管理部门应当根据收集的证据，制作道路交通事故认定书送达当事人，当事人拒绝接收的，送达至其所在机构；没有所在机构或者所在机构不明确的，由当事人所属国家的驻华使领馆转交送达。

享有外交特权与豁免的人员应当配合公安机关交通管理部门的调查和检验、鉴定。对于经核查确实享有外交特权与豁免但不同意接受调查或者检验、鉴定的，公安机关交通管理部门应当将有关情况记录在案，损害赔偿事宜通过外交途径解决。

第一百零一条 公安机关交通管理部门处理享有外交特权与豁免的外国人发生人员死亡事故的，应当将其身份、证件及事故经过、损害后果等基本情况记录在案，并将有关情况迅速通报省级人民政府外事部门和该外国人所属国家的驻华使馆或者领馆。

第一百零二条 外国驻华领事机构、国际组织、国际组织驻华代表机构享有特权与豁免的人员发生道路交通事故的，公安机关交通管理部门参照本规定第一百条、第一百零一条规定办理，但《中华人民共和国领事特权与豁免条例》、中国已参加的国际公约以及我国与有关国家或者国际组织缔结的协议有不同规定的除外。

第十一章 执法监督

第一百零三条 公安机关警务督察部门可以依法对公安机关交通管理部门及其交通警察处理道路交通事故工作进行现场督察，查处违纪违法行为。

上级公安机关交通管理部门对下级公安机关交通管理部门处理道路交通事故工作进行监督，发现错误应当及时纠正，造成严重后果的，依纪依法追究有关人员的责任。

第一百零四条 公安机关交通管理部门及其交通警察处理道路交通事故，应当公开办事制度、办事程序，建立警风警纪监督员制度，并自觉接受社会和群众的监督。

任何单位和个人都有权对公安机关交通管理部门及其交通警察不依法严格公正处理道路交通事故、利用职务上的便利收受他人财物或者谋取其他利益、徇私舞弊、滥用职权、玩忽职守以及其他违纪违法行为进行检举、控告。收到检举、控告的机关，应当依据职责及时查处。

第一百零五条 在调查处理道路交通事故时，交通警察或者公安机关检验、鉴定人员有下列情形之一的，应当回避：

（一）是本案的当事人或者是当事人的近亲属的；

（二）本人或者其近亲属与本案有利害关系的；

（三）与本案当事人有其他关系，可能影响案件公正处理的。

交通警察或者公安机关检验、鉴定人员需要回避的，由本级公安机关交通管理部门负责人或者检验、鉴定人员所属的公安机关决定。公安机关交通管理部门负责人需要回避的，由公安机关或者上一级公安机关交通管理部门负责人决定。

对当事人提出的回避申请，公安机关交通管理部门应当在二日内作出决定，并通知申请人。

第一百零六条 人民法院、人民检察院审理、审查道路交通事故案件，需要公安机关交通管理部门提供有关证据的，公安机关交通管理部门应当在接到调卷公函之日起三日内，或者按照其时限要求，将道路交通事故案件调查材料正本移送人民法院或者人民检察院。

第一百零七条 公安机关交通管理部门对查获交通肇事逃逸车辆及人员提供有效线索或者协助的人员、单位，应当给予表彰和奖励。

公安机关交通管理部门及其交通警察接到协查通报不配合协查并造成严重后果的，由公安机关或者上级公安机关交通管理部门追究有关人员和单位主管领导的责任。

第十二章　附　　则

第一百零八条 道路交通事故处理资格等级管理规定由公安部另行制定，资格证书式样全国统一。

第一百零九条 公安机关交通管理部门应当在邻省、市（地）、县交界的国、省、县道上，以及辖区内交通流量集中的路段，设置标有管辖地公安机关交通管理部门名称及道路交通事故报警电话号码的提示牌。

第一百一十条 车辆在道路以外通行时发生的事故，公安机关交通管理部门接到报案的，参照本规定处理。涉嫌犯罪的，及时移送有关部门。

第一百一十一条 执行本规定所需要的法律文书式样，由公安部制定。公安部没有制定式样，执法工作中需要的其他法律文书，省级公安机关可以制定式样。

当事人自行协商处理损害赔偿事宜的，可以自行制作协议书，但应当符合本规定第二十一条关于协议书内容的规定。

第一百一十二条 本规定中下列用语的含义是：

（一）“交通肇事逃逸”，是指发生道路交通事故后，当事人为逃避法律责任，驾驶或者遗弃车辆逃离道路交通事故现场以及潜逃藏匿的行为。

（二）“深度调查”，是指以有效防范道路交通事故为目的，对道路交通事故发生的深层次原因以及道路交通安全相关因素开展延伸调查，分析查找安全隐患及管理漏洞，并提出从源头解决问题的意见和建议的活动。

（三）“检验报告、鉴定意见确定”，是指检验报告、鉴定意见复印件送达当事人之日起三日内，当事人未申请重新检验、鉴定的，以及公安机关交通管理部门批准重新检验、鉴定，鉴定机构出具检验报告、鉴定意见的。

（四）“外国人”，是指不具有中国国籍的人。

（五）本规定所称的“一日”、“二日”、“三日”、“五日”、“十日”，是指工作日，不包括节假日。

（六）本规定所称的“以上”、“以下”均包括本数在内。

（七）“县级以上公安机关交通管理部门”，是指县级以上人民政府公安机关交通管理部门或者相当于同级的公安机关交通管理部门。

（八）“设区的市公安机关交通管理部门”，是指设区的市人民政府公安机关交通管理部门或者相当于同级的公安机关交通管理部门。

（九）“设区的市公安机关”，是指设区的市人民政府公安机关或者相当于同级的公安机关。

第一百一十三条　本规定没有规定的道路交通事故案件办理程序，依照《公安机关办理行政案件程序规定》《公安机关办理刑事案件程序规定》的有关规定执行。

第一百一十四条　本规定自 2018 年 5 月 1 日起施行。2008 年 8 月 17 日发布的《道路交通事故处理程序规定》（公安部令第 104 号）同时废止。

道路交通安全违法行为处理程序规定

（2008 年 12 月 20 日公安部令第 105 号公布　自 2009 年 4 月 1 日起施行）

第一章　总　　则

第一条　为了规范道路交通安全违法行为处理程序，保障公安机关交通管理部门正确履行职责，保护公民、法人和其他组织的合法权益，根据《中华人民共和国道路交通安全法》及其实施条例等法律、行政法规制定本规定。

第二条　公安机关交通管理部门及其交通警察对道路交通安全违法行为（以下简称违法行为）的处理程序，在法定职权范围内依照本规定实施。

第三条　对违法行为的处理应当遵循合法、公正、文明、公开、及时的原则，尊重和保障人权，保护公民的人格尊严。

对违法行为的处理应当坚持教育与处罚相结合的原则，教育公民、法人和其他组织自觉遵守道路交通安全法律法规。

对违法行为的处理，应当以事实为依据，与违法行为的事实、性质、情节以及社会危害程度相当。

第二章　管　　辖

第四条　交通警察执勤执法中发现的违法行为由违法行为发生

地的公安机关交通管理部门管辖。

对管辖权发生争议的，报请共同的上一级公安机关交通管理部门指定管辖。上一级公安机关交通管理部门应当及时确定管辖主体，并通知争议各方。

第五条 交通技术监控资料记录的违法行为可以由违法行为发生地、发现地或者机动车登记地的公安机关交通管理部门管辖。

违法行为人或者机动车所有人、管理人对交通技术监控资料记录的违法行为事实有异议的，应当向违法行为发生地公安机关交通管理部门提出，由违法行为发生地公安机关交通管理部门依法处理。

第六条 对违法行为人处以警告、罚款或者暂扣机动车驾驶证处罚的，由县级以上公安机关交通管理部门作出处罚决定。

对违法行为人处以吊销机动车驾驶证处罚的，由设区的市公安机关交通管理部门作出处罚决定。

对违法行为人处以行政拘留处罚的，由县、市公安局、公安分局或者相当于县一级的公安机关作出处罚决定。

第三章 调查取证

第一节 一般规定

第七条 交通警察调查违法行为时，应当表明执法身份。

交通警察执勤执法应当严格执行安全防护规定，注意自身安全，在公路上执勤执法不得少于两人。

第八条 交通警察应当全面、及时、合法收集能够证实违法行为是否存在、违法情节轻重的证据。

第九条 交通警察调查违法行为时，应当查验机动车驾驶证、行驶证、机动车号牌、检验合格标志、保险标志等牌证以及机动车和驾驶人违法信息。对运载爆炸物品、易燃易爆化学物品以及剧毒、放射性等危险物品车辆驾驶人违法行为调查的，还应当查验其他相关证件及信息。

第十条 交通警察查验机动车驾驶证时，应当询问驾驶人姓名、住址、出生年月并与驾驶证上记录的内容进行核对；对持证人的相貌与驾驶证上的照片进行核对。必要时，可以要求驾驶人出示居民身份证进行核对。

第十一条 调查中需要采取行政强制措施的，依照法律、法规、本规定及国家其他有关规定实施。

第十二条 交通警察对机动车驾驶人不在现场的违法停放机动车行为，应当在机动车侧门玻璃或者摩托车座位上粘贴违法停车告知单，并采取拍照或者录像方式固定相关证据。

第十三条 调查中发现违法行为人有其他违法行为的，在依法对其道路交通安全违法行为作出处理决定的同时，按照有关规定移送有管辖权的单位处理。涉嫌构成犯罪的，转为刑事案件办理或者移送有权处理的主管机关、部门办理。

第十四条 公安机关交通管理部门对于控告、举报的违法行为以及其他行政主管部门移送的案件应当接受，并按规定处理。

第二节 交通技术监控

第十五条 公安机关交通管理部门可以利用交通技术监控设备收集、固定违法行为证据。

交通技术监控设备应当符合国家标准或者行业标准，并经国家有关部门认定、检定合格后，方可用于收集违法行为证据。

交通技术监控设备应当定期进行维护、保养、检测，保持功能完好。

第十六条 交通技术监控设备的设置应当遵循科学、规范、合理的原则，设置的地点应当有明确规范相应交通行为的交通信号。

固定式交通技术监控设备设置地点应当向社会公布。

第十七条 使用固定式交通技术监控设备测速的路段，应当设置测速警告标志。

使用移动测速设备测速的，应当由交通警察操作。使用车载移动测速设备的，还应当使用制式警车。

第十八条 作为处理依据的交通技术监控设备收集的违法行为记录资料，应当清晰、准确地反映机动车类型、号牌、外观等特征以及违法时间、地点、事实。

第十九条 自交通技术监控设备收集违法行为记录资料之日起的十日内，违法行为发生地公安机关交通管理部门应当对记录内容进行审核，经审核无误后录入道路交通违法信息管理系统，作为违法行为的证据。

公安机关交通管理部门对交通技术监控设备收集的违法行为记录内容应当严格审核制度，完善审核程序。

第二十条 交通技术监控设备记录的违法行为信息录入道路交通违法信息管理系统后三日内，公安机关交通管理部门应当向社会提供查询；并可以通过邮寄、发送手机短信、电子邮件等方式通知机动车所有人或者管理人。

第二十一条 交通技术监控设备记录或者录入道路交通违法信息管理系统的违法行为信息，有下列情形之一并经核实的，应当予以消除：

（一）警车、消防车、救护车、工程救险车执行紧急任务的；

（二）机动车被盗抢期间发生的；

（三）有证据证明救助危难或者紧急避险造成的；

（四）现场已被交通警察处理的；

（五）因交通信号指示不一致造成的；

（六）不符合本规定第十八条规定要求的；

（七）记录的机动车号牌信息错误的；

（八）因使用伪造、变造或者其他机动车号牌发生违法行为造成合法机动车被记录的；

（九）其他应当消除的情形。

第四章　行政强制措施适用

第二十二条　公安机关交通管理部门及其交通警察在执法过程中，依法可以采取下列行政强制措施：

（一）扣留车辆；

（二）扣留机动车驾驶证；

（三）拖移机动车；

（四）检验体内酒精、国家管制的精神药品、麻醉药品含量；

（五）收缴物品；

（六）法律、法规规定的其他行政强制措施。

第二十三条　采取本规定第二十二条第（一）、（二）、（四）、（五）项行政强制措施，应当按照下列程序实施：

（一）口头告知违法行为人或者机动车所有人、管理人违法行为的基本事实、拟作出行政强制措施的种类、依据及其依法享有的权利；

（二）听取当事人的陈述和申辩，当事人提出的事实、理由或者证据成立的，应当采纳；

（三）制作行政强制措施凭证，并告知当事人在十五日内到指定地点接受处理；

（四）行政强制措施凭证应当由当事人签名、交通警察签名或者盖章，并加盖公安机关交通管理部门印章；当事人拒绝签名的，交通警察应当在行政强制措施凭证上注明；

（五）行政强制措施凭证应当当场交付当事人；当事人拒收的，由交通警察在行政强制措施凭证上注明，即为送达。

现场采取行政强制措施的，可以由一名交通警察实施，并在二十四小时内将行政强制措施凭证报所属公安机关交通管理部门备案。

第二十四条 行政强制措施凭证应当载明当事人的基本情况、车辆牌号、车辆类型、违法事实、采取行政强制措施种类和依据、接受处理的具体地点和期限、决定机关名称及当事人依法享有的行政复议、行政诉讼权利等内容。

第二十五条 有下列情形之一的，依法扣留车辆：

（一）上道路行驶的机动车未悬挂机动车号牌，未放置检验合格标志、保险标志，或者未随车携带机动车行驶证、驾驶证的；

（二）有伪造、变造或者使用伪造、变造的机动车登记证书、号牌、行驶证、检验合格标志、保险标志、驾驶证或者使用其他车辆的机动车登记证书、号牌、行驶证、检验合格标志、保险标志嫌疑的；

（三）未按照国家规定投保机动车交通事故责任强制保险的；

（四）公路客运车辆或者货运机动车超载的；

（五）机动车有被盗抢嫌疑的；

（六）机动车有拼装或者达到报废标准嫌疑的；

（七）未申领《剧毒化学品公路运输通行证》通过公路运输剧毒化学品的；

（八）非机动车驾驶人拒绝接受罚款处罚的。

对发生道路交通事故，因收集证据需要的，可以依法扣留事故车辆。

第二十六条 交通警察应当在扣留车辆后二十四小时内，将被扣留车辆交所属公安机关交通管理部门。

公安机关交通管理部门扣留车辆的，不得扣留车辆所载货物。对车辆所载货物应当通知当事人自行处理，当事人无法自行处理或者不自行处理的，应当登记并妥善保管，对容易腐烂、损毁、灭失或者其他不具备保管条件的物品，经县级以上公安机关交通管理部门负责人批准，可以在拍照或者录像后变卖或者拍卖，变卖、拍卖所得按照有关规定处理。

第二十七条 对公路客运车辆载客超过核定乘员、货运机动车超过核定载质量的，公安机关交通管理部门应当按照下列规定消除违法状态：

（一）违法行为人可以自行消除违法状态的，应当在公安机关交通管理部门的监督下，自行将超载的乘车人转运、将超载的货物卸载；

（二）违法行为人无法自行消除违法状态的，对超载的乘车人，公安机关交通管理部门应当及时通知有关部门联系转运；对超载的货物，应当在指定的场地卸载，并由违法行为人与指定场地的保管方签订卸载货物的保管合同。

消除违法状态的费用由违法行为人承担。违法状态消除后，应当立即退还被扣留的机动车。

第二十八条 对扣留的车辆，当事人接受处理或者提供、补办的相关证明或者手续经核实后，公安机关交通管理部门应当依法及时退还。

公安机关交通管理部门核实的时间不得超过十日；需要延长的，经县级以上公安机关交通管理部门负责人批准，可以延长至十五日。

核实时间自车辆驾驶人或者所有人、管理人提供被扣留车辆合法来历证明，补办相应手续，或者接受处理之日起计算。

发生道路交通事故因收集证据需要扣留车辆的，扣留车辆时间依照《道路交通事故处理程序规定》有关规定执行。

第二十九条 有下列情形之一的，依法扣留机动车驾驶证：

（一）饮酒后驾驶机动车的；

（二）将机动车交由未取得机动车驾驶证或者机动车驾驶证被吊销、暂扣的人驾驶的；

（三）机动车行驶超过规定时速百分之五十的；

（四）驾驶有拼装或者达到报废标准嫌疑的机动车上道路行驶的；

（五）在一个记分周期内累积记分达到十二分的。

第三十条 交通警察应当在扣留机动车驾驶证后二十四小时内，将被扣留机动车驾驶证交所属公安机关交通管理部门。

具有本规定第二十九条第（一）、（二）、（三）、（四）项所列情形之一的，扣留机动车驾驶证至作出处罚决定之日；处罚决定生效前先予扣留机动车驾驶证的，扣留一日折抵暂扣期限一日。只对违法行为人作出罚款处罚的，缴纳罚款完毕后，应当立即发还机动车驾驶证。具有本规定第二十九条第（五）项情形的，扣留机动车驾驶证至考试合格之日。

第三十一条 违反机动车停放、临时停车规定，驾驶人不在现场或者虽在现场但拒绝立即驶离，妨碍其他车辆、行人通行的，公安机关交通管理部门及其交通警察可以将机动车拖移至不妨碍交通的地点或者公安机关交通管理部门指定的地点。

拖移机动车的，现场交通警察应当通过拍照、录像等方式固定违法事实和证据。

第三十二条 公安机关交通管理部门应当公开拖移机动车查询电话，并通过设置拖移机动车专用标志牌明示或者以其他方式告知当事人。当事人可以通过电话查询接受处理的地点、期限和被拖移机动车的停放地点。

第三十三条 车辆驾驶人有下列情形之一的，应当对其检验体内酒精、国家管制的精神药品、麻醉药品含量：

（一）对酒精呼气测试等方法测试的酒精含量结果有异议的；

（二）涉嫌饮酒、醉酒驾驶车辆发生交通事故的；

（三）涉嫌服用国家管制的精神药品、麻醉药品后驾驶车辆的；

（四）拒绝配合酒精呼气测试等方法测试的。

对酒后行为失控或者拒绝配合检验的，可以使用约束带或者警绳等约束性警械。

第三十四条 检验车辆驾驶人体内酒精、国家管制的精神药品、麻醉药品含量的，应当按照下列程序实施：

（一）由交通警察将当事人带到医疗机构进行抽血或者提取尿样；

（二）公安机关交通管理部门应当将抽取的血液或者提取的尿样及时送交有检验资格的机构进行检验，并将检验结果书面告知当事人。

检验车辆驾驶人体内酒精、国家管制的精神药品、麻醉药品含量的，应当通知其家属，但无法通知的除外。

第三十五条 对非法安装警报器、标志灯具或者自行车、三轮车加装动力装置的，公安机关交通管理部门应当强制拆除，予以收缴，并依法予以处罚。

交通警察现场收缴非法装置的，应当在二十四小时内，将收缴的物品交所属公安机关交通管理部门。

对收缴的物品，除作为证据保存外，经县级以上公安机关交通管理部门批准后，依法予以销毁。

第三十六条 公安机关交通管理部门对扣留的拼装或者已达到报废标准的机动车，经县级以上公安机关交通管理部门批准后，予以收缴，强制报废。

第三十七条 对伪造、变造或者使用伪造、变造的机动车登记证书、号牌、行驶证、检验合格标志、保险标志、驾驶证的，应当予以收缴，依法处罚后予以销毁。

对使用其他车辆的机动车登记证书、号牌、行驶证、检验合格标志、保险标志的，应当予以收缴，依法处罚后转至机动车登记地车辆管理所。

第三十八条 对在道路两侧及隔离带上种植树木、其他植物或者设置广告牌、管线等，遮挡路灯、交通信号灯、交通标志，妨碍安全视距的，公安机关交通管理部门应当向违法行为人送达排除妨碍通知书，告知履行期限和不履行的后果。违法行为人在规定期限内拒不履行的，依法予以处罚并强制排除妨碍。

第三十九条 强制排除妨碍，公安机关交通管理部门及其交通警察可以当场实施。无法当场实施的，应当按照下列程序实施：

（一）经县级以上公安机关交通管理部门负责人批准，可以委托或者组织没有利害关系的单位予以强制排除妨碍；

（二）执行强制排除妨碍时，公安机关交通管理部门应当派员到场监督。

第五章 行政处罚

第一节 行政处罚的决定

第四十条 交通警察对于当场发现的违法行为，认为情节轻微、未影响道路通行和安全的，口头告知其违法行为的基本事实、依据，向违法行为人提出口头警告，纠正违法行为后放行。

各省、自治区、直辖市公安机关交通管理部门可以根据实际确定适用口头警告的具体范围和实施办法。

第四十一条 对违法行为人处以警告或者二百元以下罚款的，可以适用简易程序。

对违法行为人处以二百元（不含）以上罚款、暂扣或者吊销机动车驾驶证的，应当适用一般程序。不需要采取行政强制措施的，现场交通警察应当收集、固定相关证据，并制作违法行为处理通知书。

对违法行为人处以行政拘留处罚的，按照《公安机关办理行政案件程序规定》实施。

第四十二条 适用简易程序处罚的，可以由一名交通警察作出，并应当按照下列程序实施：

（一）口头告知违法行为人违法行为的基本事实、拟作出的行政处罚、依据及其依法享有的权利；

（二）听取违法行为人的陈述和申辩，违法行为人提出的事实、理由或者证据成立的，应当采纳；

（三）制作简易程序处罚决定书；

（四）处罚决定书应当由被处罚人签名、交通警察签名或者盖章，并加盖公安机关交通管理部门印章；被处罚人拒绝签名的，交通警察应当在处罚决定书上注明；

（五）处罚决定书应当当场交付被处罚人；被处罚人拒收的，由交通警察在处罚决定书上注明，即为送达。

交通警察应当在二日内将简易程序处罚决定书报所属公安机关交通管理部门备案。

第四十三条 简易程序处罚决定书应当载明被处罚人的基本情

况、车辆牌号、车辆类型、违法事实、处罚的依据、处罚的内容、履行方式、期限、处罚机关名称及被处罚人依法享有的行政复议、行政诉讼权利等内容。

第四十四条 制发违法行为处理通知书应当按照下列程序实施：

（一）口头告知违法行为人违法行为的基本事实；

（二）听取违法行为人的陈述和申辩，违法行为人提出的事实、理由或者证据成立的，应当采纳；

（三）制作违法行为处理通知书，并通知当事人在十五日内接受处理；

（四）违法行为处理通知书应当由违法行为人签名、交通警察签名或者盖章，并加盖公安机关交通管理部门印章；当事人拒绝签名的，交通警察应当在违法行为处理通知书上注明；

（五）违法行为处理通知书应当当场交付当事人；当事人拒收的，由交通警察在违法行为处理通知书上注明，即为送达。

交通警察应当在二十四小时内将违法行为处理通知书报所属公安机关交通管理部门备案。

第四十五条 违法行为处理通知书应当载明当事人的基本情况、车辆牌号、车辆类型、违法事实、接受处理的具体地点和时限、通知机关名称等内容。

第四十六条 适用一般程序作出处罚决定，应当由两名以上交通警察按照下列程序实施：

（一）对违法事实进行调查，询问当事人违法行为的基本情况，并制作笔录；当事人拒绝接受询问、签名或者盖章的，交通警察应当在询问笔录上注明；

（二）采用书面形式或者笔录形式告知当事人拟作出的行政处罚的事实、理由及依据，并告知其依法享有的权利；

（三）对当事人陈述、申辩进行复核，复核结果应当在笔录中注明；

（四）制作行政处罚决定书；

（五）行政处罚决定书应当由被处罚人签名，并加盖公安机关交通管理部门印章；被处罚人拒绝签名的，交通警察应当在处罚决定书上注明；

（六）行政处罚决定书应当当场交付被处罚人；被处罚人拒收的，由交通警察在处罚决定书上注明，即为送达；被处罚人不在场的，应当依照《公安机关办理行政案件程序规定》的有关规定送达。

第四十七条 行政处罚决定书应当载明被处罚人的基本情况、车辆牌号、车辆类型、违法事实和证据、处罚的依据、处罚的内容、履行方式、期限、处罚机关名称及被处罚人依法享有的行政复议、行政诉讼权利等内容。

第四十八条 一人有两种以上违法行为，分别裁决，合并执行，可以制作一份行政处罚决定书。

一人只有一种违法行为，依法应当并处两个以上处罚种类且涉及两个处罚主体的，应当分别制作行政处罚决定书。

第四十九条 对违法行为事实清楚，需要按照一般程序处以罚款的，应当自违法行为人接受处理之时起二十四小时内作出处罚决定；处以暂扣机动车驾驶证的，应当自违法行为人接受处理之日起三日内作出处罚决定；处以吊销机动车驾驶证的，应当自违法行为人接受处理或者听证程序结束之日起七日内作出处罚决定，交通肇事构成犯罪的，应当在人民法院判决后及时作出处罚决定。

第五十条 对交通技术监控设备记录的违法行为，当事人应当及时到公安机关交通管理部门接受处理，处以警告或者二百元以下罚款的，可以适用简易程序；处以二百元（不含）以上罚款、吊销机动车驾驶证的，应当适用一般程序。

第二节　行政处罚的执行

第五十一条　对行人、乘车人、非机动车驾驶人处以罚款，交通警察当场收缴的，交通警察应当在简易程序处罚决定书上注明，由被处罚人签名确认。被处罚人拒绝签名的，交通警察应当在处罚决定书上注明。

交通警察依法当场收缴罚款的，应当开具省、自治区、直辖市财政部门统一制发的罚款收据；不开具省、自治区、直辖市财政部门统一制发的罚款收据的，当事人有权拒绝缴纳罚款。

第五十二条　当事人逾期不履行行政处罚决定的，作出行政处罚决定的公安机关交通管理部门可以采取下列措施：

（一）到期不缴纳罚款的，每日按罚款数额的百分之三加处罚款，加处罚款总额不得超出罚款数额；

（二）申请人民法院强制执行。

第五十三条　公安机关交通管理部门对非本辖区机动车驾驶人给予暂扣、吊销机动车驾驶证处罚的，应当在作出处罚决定之日起十五日内，将机动车驾驶证转至核发地公安机关交通管理部门。

违法行为人申请不将暂扣的机动车驾驶证转至核发地公安机关交通管理部门的，应当准许，并在行政处罚决定书上注明。

第五十四条　对违法行为人决定行政拘留并处罚款的，公安机关交通管理部门应当告知违法行为人可以委托他人代缴罚款。

第六章　执法监督

第五十五条　交通警察执勤执法时，应当按照规定着装，佩戴人民警察标志，随身携带人民警察证件，保持警容严整，举止端庄，指挥规范。

交通警察查处违法行为时应当使用规范、文明的执法用语。

第五十六条 公安机关交通管理部门所属的交警队、车管所及重点业务岗位应当建立值日警官和法制员制度，防止和纠正执法中的错误和不当行为。

第五十七条 各级公安机关交通管理部门应当加强执法监督，建立本单位及其所属民警的执法档案，实施执法质量考评、执法责任制和执法过错追究。

执法档案可以是电子档案或者纸质档案。

第五十八条 公安机关交通管理部门应当依法建立交通民警执勤执法考核评价标准，不得下达或者变相下达罚款指标，不得以处罚数量作为考核民警执法效果的依据。

第七章 其他规定

第五十九条 当事人对公安机关交通管理部门采取的行政强制措施或者作出的行政处罚决定不服的，可以依法申请行政复议或者提起行政诉讼。

第六十条 公安机关交通管理部门应当使用道路交通违法信息管理系统对违法行为信息进行管理。对记录和处理的交通违法行为信息应当及时录入道路交通违法信息管理系统。

第六十一条 公安机关交通管理部门对非本辖区机动车有违法行为记录的，应当在违法行为信息录入道路交通违法信息管理系统后，在规定时限内将违法行为信息转至机动车登记地公安机关交通管理部门。

第六十二条 公安机关交通管理部门对非本辖区机动车驾驶人的违法行为给予记分或者暂扣、吊销机动车驾驶证以及扣留机动车驾驶证的，应当在违法行为信息录入道路交通违法信息管理系统后，在规定时限内将违法行为信息转至驾驶证核发地公安机关交通管理部门。

第六十三条 对非本辖区机动车驾驶人申请在违法行为发生地参加满分学习、考试的，公安机关交通管理部门应当准许，考试合格后发还扣留的机动车驾驶证，并将考试合格的信息转至驾驶证核发地公安机关交通管理部门。

驾驶证核发地公安机关交通管理部门应当根据转递信息清除机动车驾驶人的累积记分。

第六十四条 以欺骗、贿赂等不正当手段取得机动车登记的，应当收缴机动车登记证书、号牌、行驶证，由机动车登记地公安机关交通管理部门撤销机动车登记。

以欺骗、贿赂等不正当手段取得驾驶许可的，应当收缴机动车驾驶证，由驾驶证核发地公安机关交通管理部门撤销机动车驾驶许可。

非本辖区机动车登记或者机动车驾驶许可需要撤销的，公安机关交通管理部门应当将收缴的机动车登记证书、号牌、行驶证或者机动车驾驶证以及相关证据材料，及时转至机动车登记地或者驾驶证核发地公安机关交通管理部门。

第六十五条 撤销机动车登记或者机动车驾驶许可的，应当按照下列程序实施：

（一）经设区的市公安机关交通管理部门负责人批准，制作撤销决定书送达当事人；

（二）将收缴的机动车登记证书、号牌、行驶证或者机动车驾驶证以及撤销决定书转至机动车登记地或者驾驶证核发地车辆管理所予以注销；

（三）无法收缴的，公告作废。

第六十六条 简易程序案卷应当包括简易程序处罚决定书。一般程序案卷应当包括行政强制措施凭证或者违法行为处理通知书、证据材料、公安交通管理行政处罚决定书。

在处理违法行为过程中形成的其他文书应当一并存入案卷。

第八章　附　　则

第六十七条　本规定中下列用语的含义：

（一）“违法行为人”，是指违反道路交通安全法律、行政法规规定的公民、法人及其他组织。

（二）“县级以上公安机关交通管理部门”，是指县级以上人民政府公安机关交通管理部门或者相当于同级的公安机关交通管理部门。“设区的市公安机关交通管理部门”，是指设区的市人民政府公安机关交通管理部门或者相当于同级的公安机关交通管理部门。

第六十八条　本规定未规定的违法行为处理程序，依照《公安机关办理行政案件程序规定》执行。

第六十九条　本规定所称以上、以下，除特别注明的外，包括本数在内。

本规定所称的“二日”、“三日”、“七日”、“十日”、“十五日”，是指工作日，不包括节假日。

第七十条　执行本规定所需要的法律文书式样，由公安部制定。公安部没有制定式样，执法工作中需要的其他法律文书，各省、自治区、直辖市公安机关交通管理部门可以制定式样。

第七十一条　本规定自2009年4月1日起施行。2004年4月30日发布的《道路交通安全违法行为处理程序规定》（公安部第69号令）同时废止。本规定生效后，以前有关规定与本规定不一致的，以本规定为准。

交警系统执法记录仪使用管理规定

（2013年12月31日　公交管〔2013〕460号）

第一章　总　　则

第一条　为了进一步规范执法记录仪的使用和管理，加强执法监督，维护当事人和交通警察合法权益，深入推进执法规范化建设，根据《公安机关执法细则》和《交通警察道路执勤执法工作规范》，制定本规定。

第二条　本规定所称执法记录仪，是指具有录像、照相、录音等功能，用于记录交通警察执勤执法办案过程的便携式设备。

第三条　公安机关交通管理部门应当按照财政部、公安部《县级公安机关基本业务装备配备指导标准（试行）》（财行〔2010〕240号），为交通警察配备符合行业标准《单警执法视音频记录仪》（GA/T947－2011）、满足实际工作需要的执法记录仪。

第四条　公安机关交通管理部门应当加强对交通警察使用执法记录仪的培训和监督检查，严格声像资料管理，充分发挥执法记录仪的执法监督和固定证据作用。

第二章　使　　用

第五条　交通警察在道路上执勤、查处交通违法行为、处理交通事故以及从事驾驶人考试和机动车查验时，应当佩戴、使用执法记录仪进行全程录音录像，客观、真实地记录执勤执法工作情况及相关证据。

第六条 交通警察应当及时检查执法记录仪的电池容量、内存空间，保证执法记录仪正常使用。

第七条 执法记录仪应当佩戴在交通警察左肩部或者左胸部等有利于取得最佳声像效果的位置。

交通警察在现场执法取证时，可以手持执法记录仪进行摄录。

第八条 交通警察在道路上对交通违法行为人实施处罚或者采取强制措施、询问交通事故当事人和证人时，应当事先告知对方使用执法记录仪记录，告知的规范用语是：为保护您的合法权益，监督我的执法行为，本次执法全程录音录像。

第九条 因恶劣天气、设备故障等特殊情况无法使用或者停止使用执法记录仪的，交通警察应当立即向上级领导报告。

第三章 管 理

第十条 交警支队、大队负责统一存储和保管执法记录仪记录的声像资料。

第十一条 交通警察应当在每天工作结束后及时存储执法记录仪记录的声像资料，或者交由相关人员存储。

第十二条 交警支队应当制定执法记录仪声像资料管理制度，建立交通警察执法记录档案，按照单位名称、执法记录仪编号、警员信息、使用时间等项目分类存储，严格管理。

第十三条 执法记录仪记录的原始声像资料保存期限不少于3个月。

作为处罚交通违法行为、处理交通事故证据使用的声像资料保存期限应当与案卷保存期限相同。

第十四条 有下列情形，应当采取刻录光盘、使用移动储存介质等方式，长期保存执法记录仪记录的声像资料：

（一）当事人对交通警察现场执法、办案有异议或者投诉、上访的；

（二）当事人逃避、拒绝、阻碍交通警察依法执行公务，或者谩骂、侮辱、殴打交通警察的；

（三）交通警察参与处置群体性事件、突发事件的；

（四）其他需要长期保存的重要情况。

第十五条 作为执法办案证据使用需要移送检察院、法院的声像资料，由交警支队、大队相关人员统一提供，并复制留存。

第十六条 对执法记录仪记录的声像资料，实行分级授权管理，未经批准，不得越权查阅；因工作需要查阅声像资料的，经批准且办理相关手续后，方可查阅。

第四章 监　　督

第十七条 上级公安机关交通管理部门及其负责人应当对交通警察佩戴、使用执法记录仪情况及记录的声像资料进行抽检；法制员应当对交通警察每天处理交通违法行为、交通事故和群众投诉的声像资料进行回放检查，并建立检查台帐。

第十八条 上级公安机关交通管理部门应当定期通报执法记录仪的使用、管理情况和交通警察执法情况，并纳入执法质量考评和绩效考核，考评结果与评优奖励、公务员考核挂钩。

第十九条 交通警察使用执法记录仪时，严禁下列行为：

（一）在道路上执勤、查处交通违法行为、处理交通事故以及从事驾驶人考试和机动车查验时不佩戴、使用执法记录仪，或者不按规定进行全程录音录像；

（二）删减、修改执法记录仪记录的原始声像资料；

（三）私自复制、保存或者传播、泄露执法记录仪记录的声像资料；

（四）利用执法记录仪记录与执勤执法无关的活动；

（五）故意毁坏执法记录仪或者声像资料存储设备；

（六）其他违反执法记录仪使用管理规定的行为。

违反上述规定，情节轻微的，予以批评教育；情节严重的，依照《行政机关公务员纪律处分条例》、《公安机关人民警察纪律条令》和《公安机关实施停止执行职务和禁闭措施的规定》，应当采取停止执行职务措施，给予警告、记过或者记大过处分，同时追究相关领导的责任。

第五章　附　　则

第二十条　各省、自治区、直辖市公安机关交通管理部门应当根据本地实际，制定实施办法。

第二十一条　本规定自2014年1月1日起施行。2013年6月19日发布的《交警系统执法记录仪使用管理规定（试行）》同时废止。

附件：

交警系统执法记录仪设备性能和后台管理系统设计参考要点

为适应交警系统规范使用执法记录仪工作需要，部交管局在行业标准《单警执法视音频记录仪》（GA/T947－2011）和总结试点工作经验的基础上，对执法记录仪设备性能和后台管理系统设计作进一步规范，供各地参考。

一、执法记录仪设备性能参考要点

1. 摄录。执法记录仪镜头广角应不小于 120°；视频分辨率不低于 704×576 或 720×480，视频帧率不低于 30 帧/s；具备低照度下摄录功能，5 米范围内应能看清当事人面部特征，10 米范围可见人体轮廓。佩戴摄录时应便于固定，并可根据摄录对象位置进行调节，上下调节角度不低于 45 度。应具备预摄录功能，对摄录按键触发前至少 10 秒的情景进行预先录制。

2. 存储。执法记录仪应能存储不低于 10 小时的最低分辨率下的动态视音频，建议 16G（含）以上。应通过字符叠加的形式对文件进行编号存储；存储的文件包括视音频、日志、图片、录音等。应具备自动分段切割、存储视音频文件的功能。执法记录仪本机应不具备删除、修改存储文件的功能。

3. 电池。执法记录仪应采取可更换电池设计。电池应能支持连续摄录 8 小时以上动态视频，可通过更换电池（限一次）的方式实现；电池 1 年内性能衰减不得超过 20%；可配接充电宝等外接电源。

4. 防护。具备 2 米高度跌落防护功能；可以在雨天、高寒、高温等天气情况下正常使用。

5. 格式。执法记录仪图片、音频、视音频文件应当采用便于传输、压缩、编译、转换的格式。视音频文件应当易于压缩转换为流媒体文件。

6. 其他（不作硬性要求）。建议执法记录仪具备可见光定位功能，便于对准摄录对象，灯光开启关闭和闪烁间隔可自定义；具备自动锁、夜视开关自定义功能，提高操作便捷度；具备镜头防抖或数码防抖功能，提高摄录质量；具备镜头加热功能，便于雨天、冬季去除镜头水雾；具备一键切换录音与录像、低分辨率与高分辨率音视频摄录功能，便于民警更好地记录关键内容；具备无线传输功能，便于实时传输数据；具备 GPS 或北斗定位功能，便于开展勤务考核；具有连接对讲机，为对讲机提供拾音器和扬声器功能；具备重点视音频手动标记功能；具备无缝切换电源功能，即连接第二电源时，可以在不影响摄录情况下，更换第一电源电池；配备手持遥控器，可对主要功能进行遥控操作。

二、后台管理系统设计参考要点

1. 架构。后台管理系统包括数据采集设备、中心服务器等硬件以及后台管理数据库、前台客户端等软件。中队或大队设置数据采集设备，大队或支队设置中心服务器；有权限用户的公安网电脑安装客户端。

2. 校准。执法记录仪连接数据采集设备时，管理软件自动或管理员手动同步时间。管理软件自动或管理员手动对文件资料的时间标签进行批量校正。

3. 采集。原则上使用数据采集设备导入数据，用户也可以通过安装客户端的公安网电脑采集。数据采集设备应支持 16 台（含）以上执法记录仪同时连接，具备自动为设备充电，自动识别、采集、传输、存储文件，支持断点续传、校验清空执法记录仪存储等功能；按照单位、警员、时间等信息自动建立电子档案。

4. 存储。集中式数据储存方式，数据采集设备存储容量不少于500G，网络带宽实际传输速度不低于10M/S；中心服务器按照单位民警每人1T标准配置。数据采集设备存储用于缓存；中心服务器用于存储所有文件。分布式数据存储方式，数据采集设备存储容量按照每人1T标准配置，应可拓展至16T（含）以上。数据采集设备用于存储普通数据；中心服务器用于存储数据采集设备上传的日志、索引和重要视音频等文件。各地可根据需要灵活采取分布式、集中式或混合式（两种方式并存）的数据存储方式。

5. 管理。中队、大队、支队内网电脑安装管理软件客户端，用户按权限管理数据采集设备、中心服务器存储的文件。管理人员通过管理软件客户端对中心服务器、数据采集设备及执法记录仪存储的文件进行调阅、传输、标记、备注、审批、编辑、删除等。对标记的重要文件，系统自动上传至中心服务器存储；可设置手动或自动定期清理指定条件文件的功能。

6. 权限。管理系统应具备分级管理和权限认证功能，根据中、大、支队用户级别设定操作权限；中队用户可以调阅、下载、标记、备注本中队数据，大队用户还可审批本大队数据，支队用户还可编辑、删除本支队数据。中队、大队调阅、下载同级单位数据时，须经上一级用户审批，其他警种、单位调阅、下载数据时，须经支队审批。

7. 兼容。管理软件和数据采集设备应支持标准的USB MiniB接口和接入协议，可兼容、采集、写入、管理符合行业标准《单警执法视音频记录仪》（GA/T947－2011）的所有品牌、型号的执法记录仪设备。兼容数据包括摄录文件、图片文件、录音文件、日志文件、叠加字符、设备编号、日期时间、口令、标注信息等。

8. 统计。能对下级单位或具体民警在指定时间内的工作量作统计；对日志记录的开关机、摄录起止、电量低警示、更换电池、非正常中断等时间作筛选、统计；统计结果自动生成报表以 HTML 网页形式显示并支持导出；可设置自动统计任务功能，如设定某一时间节点统计文件上传情况，并将统计结果发送至指定邮箱。

9. 拓展。应当预留标准化接口，衔接公安交通管理综合应用平台、勤务管理系统等其他平台系统，逐步推进声像资料数据与违法处罚、交通事故、勤务安排等其他数据的关联、碰撞、比对、分析，依托系统不断提高数据应用水平。

交通警察道路执勤执法工作规范

（2008年11月15日 公通字〔2008〕58号）

第一章 总 则

第一条 为了规范交通警察道路执勤执法行为，维护道路交通秩序，保障道路交通安全畅通，根据《中华人民共和国道路交通安全法》及其他有关规定，制定本规范。

第二条 交通警察在道路上执行维护交通秩序、实施交通管制、执行交通警卫任务、纠正和处理道路交通安全违法行为（以下简称"违法行为"）等任务，适用本规范。

第三条 交通警察执勤执法应当坚持合法、公正、文明、公开、及时，查处违法行为应当坚持教育与处罚相结合。

第四条 交通警察执勤执法应当遵守道路交通安全法律法规。对违法行为实施行政处罚或者采取行政强制措施，应当按照《道路交通安全法》、《道路交通安全法实施条例》、《道路交通安全违法行为处理程序规定》等法律、法规、规章执行。

第五条 交通协管员可以在交通警察指导下承担以下工作：

（一）维护道路交通秩序，劝阻违法行为；

（二）维护交通事故现场秩序，保护事故现场，抢救受伤人员；

（三）进行交通安全宣传；

（四）及时报告道路上的交通、治安情况和其他重要情况；

（五）接受群众求助。

交通协管员不得从事其他执法行为，不得对违法行为人作出行政处罚或者行政强制措施决定。

第二章　执勤执法用语

第六条　交通警察在执勤执法、接受群众求助时应当尊重当事人，使用文明、礼貌、规范的语言，语气庄重、平和。对当事人不理解的，应当耐心解释，不得呵斥、讽刺当事人。

第七条　检查涉嫌有违法行为的机动车驾驶人的机动车驾驶证、行驶证时，交通警察应当使用的规范用语是：你好！请出示驾驶证、行驶证。

第八条　纠正违法行为人（含机动车驾驶人、非机动车驾驶人、行人、乘车人，下同）的违法行为，对其进行警告、教育时，交通警察应当使用的规范用语是：你的（列举具体违法行为）违反了道路交通安全法律法规，请遵守交通法规。谢谢合作。

第九条　对行人、非机动车驾驶人的违法行为给予当场罚款时，交通警察应当使用的规范用语是：你的（列举具体违法行为）违反了道路交通安全法律法规，依据《道路交通安全法》第××条和《道路交通安全法实施条例》第××条（或××地方法规）的规定，对你当场处以××元的罚款。

非机动车驾驶人拒绝缴纳罚款时，交通警察应当使用的规范用语是：根据《道路交通安全法》第89条的规定，你拒绝接受罚款处罚，可以扣留你的非机动车。

第十条　对机动车驾驶人给予当场罚款或者采取行政强制措施时，交通警察应当使用的规范用语是：你的（列举具体违法行为）违反了道路交通安全法律法规，依据《道路交通安全法》第××条和《道路交通安全法实施条例》第××条（或××地方法规）的规定，对你处以××元的罚款，记××分（或者扣留你的驾驶证/机动车）。

第十一条 实施行政处罚或者行政强制措施前，告知违法行为人应享有的权利时，交通警察应当使用的规范用语是：你有权陈述和申辩。

第十二条 要求违法行为人在行政处罚决定书（或行政强制措施凭证）上签字时，交通警察应当使用的规范用语是：请你认真阅读法律文书的这些内容，并在签名处签名。

第十三条 对违法行为人依法处理后，交通警察应当使用的规范用语是：请收好法律文书（和证件）。

对经检查未发现违法行为时，交通警察应当使用的规范用语是：谢谢合作。

第十四条 对于按规定应当向银行缴纳罚款的，机动车驾驶人提出当场缴纳罚款时，交通警察应当使用的规范用语是：依据法律规定，我们不能当场收缴罚款。请到×××银行缴纳罚款。

第十五条 对于机动车驾驶人拒绝签收处罚决定书或者行政强制措施凭证时，交通警察应当使用的规范用语是：依据法律规定，你拒绝签字或者拒收，法律文书同样生效并即为送达。

第十六条 实施交通管制、执行交通警卫任务、维护交通事故现场交通秩序，交通警察应当使用的规范用语是：前方正在实行交通管制（有交通警卫任务或者发生了交通事故），请你绕行×××道路（或者耐心等候）。

第十七条 要求当事人将机动车停至路边接受处理时，交通警察应当使用的规范用语是：请将机动车停在（指出停车位置）接受处理。

第三章　执勤执法行为举止

第十八条　交通警察在道路上执勤执法应当规范行为举止，做到举止端庄、精神饱满。

第十九条　站立时做到抬头、挺胸、收腹，双手下垂置于大腿外侧，双腿并拢、脚跟相靠，或者两腿分开与肩同宽，身体不得倚靠其他物体，不得摇摆晃动。

第二十条　行走时双肩及背部要保持平稳，双臂自然摆动，不得背手、袖手、搭肩、插兜。

第二十一条　敬礼时右手取捷径迅速抬起，五指并拢自然伸直，中指微接帽檐右角前，手心向下，微向外张，手腕不得弯屈。礼毕后手臂迅速放回原位。

第二十二条　交还被核查当事人的相关证件后时应当方便当事人接取。

第二十三条　使用手势信号指挥疏导时应当动作标准，正确有力，节奏分明。

手持指挥棒、示意牌等器具指挥疏导时，应当右手持器具，保持器具与右小臂始终处于同一条直线。

第二十四条　驾驶机动车巡逻间隙不得倚靠车身或者趴在摩托车把上休息。

第四章　着装和装备配备

第二十五条　交通警察在道路上执勤执法应当按照规定穿着制式服装，佩戴人民警察标志。

第二十六条 交通警察在道路上执勤执法应当配备多功能反光腰带、反光背心、发光指挥棒、警用文书包、对讲机或者移动通信工具等装备，可以选配警务通、录音录像执法装备等，必要时可以配备枪支、警棍、手铐、警绳等武器和警械。

第二十七条 执勤警用汽车应当配备反光锥筒、警示灯、停车示意牌、警戒带、照相机（或者摄像机）、灭火器、急救箱、牵引绳等装备；根据需要可以配备防弹衣、防弹头盔、简易破拆工具、防化服、拦车破胎器、酒精检测仪、测速仪等装备。

第二十八条 执勤警用摩托车应当配备制式头盔、停车示意牌、警戒带等装备。

第二十九条 执勤警车应当保持车容整洁、车况良好、装备齐全。

第三十条 交通警察执勤执法装备，省、自治区、直辖市公安机关可以根据实际需要增加，但应当在全省、自治区、直辖市范围内做到统一规范。

第五章 通行秩序管理

第三十一条 交通警察在道路上执勤时，应当采取定点指挥疏导和巡逻管控相结合的方式。

第三十二条 交通警察在指挥疏导交通时，应当注意观察道路的交通流量变化，指挥机动车、非机动车、行人有序通行。

在信号灯正常工作的路口，可以根据交通流量变化，合理使用交通警察手势信号，指挥机动车快速通过路口，提高通行效率，减少通行延误。

在无信号灯或者信号灯不能正常工作的路口，交通警察应当使用手势信号指挥疏导，提高车辆、行人通过速度，减少交通冲突，避免发生交通拥堵。

第三十三条 交通警察遇到交通堵塞应当立即指挥疏导；遇严重交通堵塞的，应当采取先期处置措施，查明原因，向上级报告。

接到疏导交通堵塞指令后，应当按照工作预案，选取分流点，并视情设置临时交通标志、提示牌等交通安全设施，指挥疏导车辆。

在疏导交通堵塞时，对违法行为人以提醒、教育为主，不处罚轻微违法行为。

第三十四条 交通警察在执勤时，应当定期检查道路及周边交通设施，包括信号灯、交通标志、交通标线、交通设施等是否完好，设置是否合理。发现异常，应当立即采取处置措施，无法当场有效处理的，应当先行做好应急处置工作，并立即向上级报告。

第三十五条 交通警察发现违反规定占道挖掘或者未经许可擅自在道路上从事非交通行为危及交通安全或者妨碍通行，尚未设置警示标志的，应当及时制止，并向上级报告，积极做好交通疏导工作。

第三十六条 在高速公路上执勤时应当以巡逻为主，通过巡逻和技术监控，实现交通监控和违法信息收集。必要时可以在收费站、服务区设置执勤点。

第三十七条 交通警察发现高速公路交通堵塞，应当立即进行疏导，并查明原因，向上级报告或者通报相关部门，采取应对措施。

造成交通堵塞，必须借用对向车道分流的，应当设置隔离设施，并在分流点安排交通警察指挥疏导。

第三十八条 交通警察执勤时遇交通事故应当按照《道路交通事故处理程序规定》（公安部令第104号）和《交通事故处理工作规范》的规定执行。

第六章　违法行为处理

第一节　一 般 规 定

第三十九条　交通警察在道路上执勤，发现违法行为时，应当及时纠正。无法当场纠正的，可以通过交通技术监控设备记录，依据有关法律、法规、规章的规定予以处理。

第四十条　交通警察纠正违法行为时，应当选择不妨碍道路通行和安全的地点进行。

第四十一条　交通警察发现行人、非机动车驾驶人的违法行为，应当指挥当事人立即停靠路边或者在不影响道路通行和安全的地方接受处理，指出其违法行为，听取当事人的陈述和申辩，作出处理决定。

第四十二条　交通警察查处机动车驾驶人的违法行为，应当按下列程序执行：

（一）向机动车驾驶人敬礼；

（二）指挥机动车驾驶人立即靠边停车，可以视情要求机动车驾驶人熄灭发动机或者要求其下车；

（三）告知机动车驾驶人出示相关证件；

（四）检查机动车驾驶证，询问机动车驾驶人姓名、出生年月、住址，对持证人的相貌与驾驶证上的照片进行核对；检查机动车行驶证，对类型、颜色、号牌进行核对；检查检验合格标志、保险标志；查询机动车及机动车驾驶人的违法行为信息、机动车驾驶人记分情况；

（五）指出机动车驾驶人的违法行为；

（六）听取机动车驾驶人的陈述和申辩；

（七）给予口头警告、制作简易程序处罚决定书、违法处理通知书或者采取行政强制措施。

第二节 查处轻微违法行为

第四十三条 对《道路交通安全法》规定可以给予警告、无记分的违法行为、未造成影响道路通行和安全的后果且违法行为人已经消除违法状态的，可以认定为轻微违法行为。

第四十四条 对轻微违法行为，口头告知其违法行为的基本事实、依据，纠正违法行为并予以口头警告后放行。

第四十五条 交通警察在指挥交通、巡逻管控过程中发现的违法行为，在不具备违法车辆停车接受处理的条件或者交通堵塞时，可以通过手势、喊话等方式纠正违法行为。

第四十六条 对交通技术监控设备记录的轻微违法行为，可以通过手机短信、邮寄违法行为提示、通知车辆所属单位等方式，提醒机动车驾驶人遵守交通法律法规。

第四十七条 各省、自治区、直辖市公安机关可以根据本地实际，依照本规范第四十三条的规定确定轻微违法行为的具体范围。

第三节 现场处罚和采取强制措施

第四十八条 违法行为适用简易程序处罚的，交通警察对机动车驾驶人作出简易程序处罚决定后，应当立即交还机动车驾驶证、行驶证等证件，并予以放行。

制作简易程序处罚决定书、行政强制措施凭证时应当做到内容准确、字迹清晰。

第四十九条 违法行为需要适用一般程序处罚的，交通警察应当依照规定制作违法行为处理通知书或者依法采取行政强制措施，告知机动车驾驶人接受处理的时限、地点。

第五十条 当事人拒绝在法律文书上签字的，交通警察除应当在法律文书上注明有关情况外，还应当注明送达情况。

第五十一条 交通警察依法扣留车辆时，不得扣留车辆所载货物，并应当提醒机动车驾驶人妥善处置车辆所载货物。

当事人无法自行处理或者能够自行处理但拒绝自行处理的，交通警察应当在行政强制措施凭证上注明，登记货物明细并妥善保管。

货物明细应当由交通警察、机动车驾驶人签名，有见证人的，还应当由见证人签名。机动车驾驶人拒绝签名的，交通警察应当在货物登记明细上注明。

第七章　实施交通管制

第五十二条 遇有雾、雨、雪等恶劣天气、自然灾害性事故以及治安、刑事案件时，交通警察应当及时向上级报告，由上级根据工作预案决定实施限制通行的交通管制措施。

第五十三条 执行交通警卫任务以及具有本规范第五十二条规定情形的，需要临时在城市道路、国省道实施禁止机动车通行的交通管制措施的，应当由市（地）级以上公安机关交通管理部门决定。需要在高速公路上实施交通管制的，应当由省级公安机关交通管理部门决定。

第五十四条 实施交通管制，公安机关交通管理部门应当提前向社会公告车辆、行人绕行线路，并在现场设置警示标志、绕行引导标志等，做好交通指挥疏导工作。

无法提前公告的，交通警察应当做好交通指挥疏导工作，维护交通秩序。对机动车驾驶人提出异议或者不理解的，应当做好解释工作。

第五十五条 交通警察在道路上实施交通管制，应当严格按照相关法律、法规规定和工作预案进行。

第五十六条 在高速公路执勤遇恶劣天气时，交通警察应当采取以下措施：

（一）迅速上报路况信息，包括雾、雨、雪、冰等恶劣天气的区域范围、能见度、车流量等情况；

（二）根据路况和上级要求，采取发放警示卡、间隔放行、限制车速、巡逻喊话提醒、警车限速引导等措施；

（三）加强巡逻，及时发现和处置交通事故，严防发生次生交通事故；

（四）关闭高速公路时，要通过设置绕行提示标志、电子显示屏或者可变情报板、交通广播等方式发布提示信息。车辆分流应当在高速公路关闭区段前的站口进行，交通警察要在分流处指挥疏导。

第五十七条 交通警察遇到正在发生的治安、刑事案件或者根据指令赶赴治安、刑事案件现场时，应当通知治安、刑侦部门，并根据现场情况采取以下先期处置措施：

（一）制止违法犯罪行为，控制违法犯罪嫌疑人；

（二）组织抢救伤者，排除险情；

（三）划定警戒区域，疏散围观群众，保护现场，维护好中心现场及周边道路交通秩序，确保现场处置通道畅通；

（四）进行现场询问，及时组织追缉、堵截；

（五）及时向上级报告案件（事件）性质、事态发展情况。

第五十八条 交通警察发现因群体性事件而堵塞交通的，应当立即向上级报告，并维护现场交通秩序。

第五十九条 交通警察接受堵截任务后，应当迅速赶往指定地点，并按照预案实施堵截。

紧急情况下，可以使用拦车破胎器堵截车辆。

第六十条 交通警察发现有被通缉的犯罪嫌疑车辆，应当视情采取跟踪、堵截等措施，确保有效控制车辆和嫌疑人员，并向上级报告。

第八章 执行交通警卫任务

第六十一条 交通警察执行警卫任务，应当及时掌握任务的时间、地点、性质、规模以及行车路线等要求，掌握管制措施、安全措施。

按要求准时到达岗位，及时对路口、路段交通秩序进行管理，纠正各类违法行为，依法文明执勤。

第六十二条 交通警察执行交通警卫任务时，应当遵守交通警卫工作纪律，严格按照不同级别的交通警卫任务的要求，适时采取交通分流、交通控制、交通管制等安全措施。在确保警卫车辆安全畅通的前提下，尽量减少对社会车辆的影响。

警卫车队到来时，遇有车辆、行人强行冲击警卫车队等可能影响交通警卫任务的突发事件，应当及时采取有效措施控制车辆和人员，维护现场交通秩序，并迅速向上级报告。

警卫任务结束后，应当按照指令迅速解除交通管制，加强指挥疏导，尽快恢复道路交通。

第六十三条 交通警察在路口执行警卫任务时，负责指挥的交通警察应当用手势信号指挥车队通过路口，同时密切观察路口情况，防止车辆、行人突然进入路口。负责外围控制的交通警察，应当分别站在路口来车方向，控制各类车辆和行人进入路口。

第六十四条 交通警察在路段执行警卫任务时，应当站在警卫路线道路中心线对向机动车道一侧，指挥控制对向车辆靠右缓行，及时发现和制止违法行为，严禁对向车辆超车、左转、调头及行人横穿警卫路线。

第九章 接受群众求助

第六十五条 交通警察遇到属于《110 接处警工作规则》受理范围的群众求助，应当做好先期处置，并报 110 派员处置。需要过往机动车提供帮助的，可以指挥机动车驾驶人停车，请其提供帮助。机动车驾驶人拒绝的，不得强制。

第六十六条 交通警察遇到职责范围以外但如不及时处置可能危及公共安全、国家财产安全和人民群众生命财产安全的紧急求助时，应当做好先期处置，并报请上级通报相关部门或者单位派员到现场处置，在相关部门或者单位进行处置时，可以予以必要的协助。

第六十七条 交通警察遇到职责范围以外的非紧急求助，应当告知求助人向所求助事项的主管部门或者单位求助，并视情予以必要的解释。

第六十八条 交通警察指挥疏导交通时不受理群众投诉，应当告知其到相关部门或者机构投诉。

第十章 执勤执法安全防护

第六十九条 交通警察在道路上执勤时应当遵守以下安全防护规定：

（一）穿着统一的反光背心；

（二）驾驶警车巡逻执勤时，开启警灯，按规定保持车速和车距，保证安全。驾驶人、乘车人应当系安全带。驾驶摩托车巡逻时，应当戴制式头盔；

（三）保持信息畅通，服从统一指挥和调度。

第七十条 在城市快速路、主干道及公路上执勤应当由两名以上交通警察或者由一名交通警察带领两名以上交通协管员进行。需要设点执勤的，应当根据道路条件和交通状况，临时选择安全和不妨碍车辆通行的地点进行，放置要求驾驶人停车接受检查的提示标志，在距执勤点至少二百米处开始摆放发光或者反光的警告标志、警示灯，间隔设置减速提示标牌、反光锥筒等安全防护设备。

第七十一条 在执行公务时，警车需要临时停车或者停放的，应当开启警灯，并选择与处置地点同方向的安全地点，不得妨碍正常通行秩序。

警车在公路上执行公务时临时停车和停放应当开启警灯，并根据道路限速，将警车停在处置地点来车方向五十至二百米以外。在不影响周围群众生产生活的情况下，可以开启警报器。

第七十二条 交通警察在雾、雨、雪、冰冻及夜间等能见度低和道路通行条件恶劣的条件下设点执勤，应当遵守以下规定：

（一）在公路、城市快速路上执勤，应当由三名（含）以上交通警察或者两名交通警察和两名（含）以上交通协管员进行；

（二）需要在公路上设点执勤，应当在距执勤点至少五百米处开始摆放发光或者反光的警告标志、警示灯，间隔设置减速提示标牌、反光锥筒等安全防护设备，并确定专人对执勤区域进行巡控；在高速公路上应当将执勤点设在收费站或者服务区、停车区，并在至少两公里处开始摆放发光或者反光的警告标志、警示灯，间隔设置减速提示标牌、反光锥筒等安全防护设备。

第七十三条 查处违法行为应当遵守以下规定：

（一）除执行堵截严重暴力犯罪嫌疑人等特殊任务外，拦截、检查车辆或者处罚交通违法行为，应当选择不妨碍道路通行和安全的地点进行，并在来车方向设置分流或者避让标志；

（二）遇有机动车驾驶人拒绝停车的，不得站在车辆前面强行拦截，或者脚踏车辆踏板，将头、手臂等伸进车辆驾驶室或者攀扒车辆，强行责令机动车驾驶人停车；

（三）除机动车驾驶人驾车逃跑后可能对公共安全和他人生命安全有严重威胁以外，交通警察不得驾驶机动车追缉，可采取通知前方执勤交通警察堵截，或者记下车号，事后追究法律责任等方法进行处理；

（四）堵截车辆应采取设置交通设施、利用交通信号灯控制所拦截车辆前方车辆停车等非直接拦截方式，不得站立在被拦截车辆行进方向的行车道上拦截车辆。

第七十四条 在高速公路发现有不按规定车道行驶、超低速行驶、遗洒载运物、客车严重超员、车身严重倾斜等危及道路通行安全的违法行为，可以通过喊话、鸣警报器、车载显示屏提示等方式，引导车辆到就近服务区或者驶出高速公路接受处理。情况紧急的，可以立即进行纠正。

第七十五条 公安机关交通管理部门应当定期检查交通警察安全防护装备配备和使用情况，发现和纠正存在的问题。

第十一章　执法监督与考核评价

第七十六条 公安机关督察部门和交通管理部门应当建立对交通警察道路执勤执法现场督察制度。

公安机关交通管理部门应当建立交通警察道路执勤执法检查和考核制度。

对模范遵守法纪、严格执法的交通警察，应当予以表彰和奖励。

对违反规定执勤执法的，应当批评教育；情节严重的，给予党纪、政纪处分；构成犯罪的，依法追究法律责任。

第七十七条 公安机关交通管理部门应当根据交通警察工作职责，结合辖区交通秩序、交通流量情况和交通事故的规律、特点，以及不同岗位管理的难易程度，安排勤务工作，确定执勤执法任务和目标，以执法形象、执法程序、执法效果、执法纪律、执勤执法工作量、执法质量、接处警等为重点，开展考核评价工作。

不得下达或者变相下达罚款指标，不得以处罚数量作为考核交通警察执法效果的唯一依据。

考核评价结果应当定期公布，记入交通警察个人执法档案，并与交通警察评先创优、记功、职级和职务晋升、公务员年度考核分配挂钩，兑现奖励措施。

第七十八条 省、市（地）、县级公安机关交通管理部门应当公开办事制度、办事程序，公布举报电话，自觉接受社会和群众的监督，认真受理群众的举报，坚决查处交通警察违法违纪问题。

第七十九条 公安机关交通管理部门应当建立和完善值日警官制度，通过接待群众及时发现交通警察在执法形象、执法纪律、执法程序、接处警中出现的偏差、失误，随时纠正，使执法监督工作动态化、日常化。

第八十条 公安机关交通管理部门应当建立本单位及其所属交通警察的执法档案，实施执法质量考评、执法责任制和执法过错追究。执法档案可以是电子档案或者纸质档案。

执法档案的具体内容，由省级公安机关交通管理部门商公安法制部门按照执法质量考评的要求统一制定。

第八十一条 公安机关交通管理部门通过执法档案应当定期分析交通警察的执法情况，发现、梳理带有共性的执法问题，制定整改措施。

第八十二条 交警大队应当设立专职法制员，交警中队应当设立兼职法制员。法制员应当重点审查交通警察执勤执法的事实依据、证据收集、程序适用、文书制作等，规范交通警察案卷、文书的填写、制作。

第八十三条 公安机关交通管理部门可以使用交通违法信息系统，实行执法办案网上流程管理、网上审批和网上监督，加强对交通警察执法情况的分析、研判。

第八十四条 交通警察在道路上执勤执法时，严禁下列行为：

（一）违法扣留车辆、机动车行驶证、驾驶证和机动车号牌；

（二）违反规定当场收缴罚款，当场收缴罚款不开具罚款收据、不开具简易程序处罚决定或者不如实填写罚款金额；

（三）利用职务便利索取、收受他人财物或者谋取其他利益；

（四）违法使用警报器、标志灯具；

（五）非执行紧急公务时拦截搭乘机动车；

（六）故意为难违法行为人；

（七）因自身的过错与违法行为人或者围观群众发生纠纷或者冲突；

（八）从事非职责范围内的活动。

第十二章　附　　则

第八十五条 各省、自治区、直辖市公安机关可以根据本地实际，制定实施办法。

第八十六条 本规范自2009年1月1日起实施。2005年11月14日公安部印发的《交通警察道路执勤执法工作规范》同时废止。

附件1

查处酒后驾驶操作规程

一、查处机动车驾驶人酒后驾驶违法行为应当配备并按规定使用酒精检测仪、约束带、警绳等装备。

用于收集违法行为证据的酒精检测仪应当符合国家标准并依法检定合格，并保持功能有效。

二、查处机动车驾驶人酒后驾驶违法行为应当按照以下规定进行：

（一）发现有酒后驾驶嫌疑的，应当及时指挥机动车驾驶人立即靠路边停车，熄灭发动机，接受检查，并要求机动车驾驶人出示驾驶证、行驶证；

（二）对有酒后驾驶嫌疑的机动车驾驶人，要求其下车接受酒精检验。对确认没有酒后驾驶行为的机动车驾驶人，应当立即放行；

（三）使用酒精检测仪对有酒后驾驶嫌疑的机动车驾驶人进行检验，检验结束后，应当告知检验结果；当事人违反检验要求的，应当当场重新检验；

（四）检验结果确认为酒后驾驶的，应当依照《道路交通安全违法行为处理程序规定》对违法行为人进行处理；检验结果确认为非酒后驾驶的，应当立即放行；

（五）当事人对检验结果有异议或者饮酒后驾驶车辆发生交通事故的，应当立即固定不少于两份的血液样本，或者由不少于两名交通警察或者一名交通警察带领两名协管员将当事人带至县级以上医院固定不少于两份的血液样本；

（六）固定当事人血液样本的，应当通知其家属或者当事人要求通知的人员。无法通知或者当事人拒绝的，可以不予通知，但应当在行政强制措施凭证上注明。

三、对醉酒的机动车驾驶人应当由不少于两名交通警察或者一名交通警察带领不少于两名协管员带至指定地点，强制约束至酒醒后依法处理。必要时可以使用约束性警械。

四、处理结束后，必须禁止饮酒后、醉酒的机动车驾驶人继续驾驶车辆，如现场无其他机动车驾驶人替代驾驶的，可以将其驾驶的机动车移至不妨碍交通的地点或者有关部门指定的地点，并将停车地点告知机动车驾驶人。

附件2

查处违反装载规定违法行为操作规程

一、对有违反装载规定嫌疑的车辆，应当指挥机动车驾驶人立即停车，熄灭发动机，接受检查，并要求驾驶人出示机动车驾驶证、行驶证。

二、经检查，确认为载物超长、超宽、超高的，当场制作简易处罚程序决定书。

运输超限运输不可解体物品影响交通安全，未按照公安机关交通管理部门指定的时间、路线、速度行驶的，应当责令其按照公安机关交通管理部门指定的时间、路线、速度行驶。未悬挂明显标志的，责令驾驶人悬挂明显标志后立即放行。

三、对于有载物超载嫌疑，需要使用称重设备核定的，应当引导车辆到指定地点进行。

核定结果为超载，应当责令当事人消除违法行为。当事人表示可立即消除违法状态，依法处罚，待违法状态消除后放行车辆；当事人拒绝或者不能立即消除违法状态的，制作行政强制措施凭证，扣留车辆。

对于跨地区长途运输车辆超载的，依照公安部、交通运输部等部门的有关规定处理。

四、对于运送瓜果、蔬菜和鲜活产品的超载车辆，应当当场告知当事人违法行为的基本事实，依照有关规定处理，对未严重影响道路交通安全的，不采取扣留机动车等行政强制措施。对严重影响道路交通安全的，应当责令驾驶人按照规定转运，驾驶人拒绝转运的，依法扣留机动车。

五、对于货运机动车车厢载人、客运机动车超载或者违反规定载物的，当事人拒绝或者不能立即消除违法状态的，制作行政强制措施凭证，扣留车辆至违法状态消除。

对于其他违反装载规定的，在依法处罚之后，应当责令机动车驾驶人当场消除违法行为。

附件3

查处超速行驶操作规程

一、查处机动车超速违法行为应当使用测速仪、摄录设备等装备。

用于收集违法行为证据的测速仪应当符合国家标准并依法检定合格，并保持功能有效。

二、现场查处超速违法行为，按照设点执勤的规范要求设置警示标志，测速点与查处点之间的距离不少于两公里，且不得影响其他车辆正常通行。

能够保存交通技术监控记录资料的，可以实施非现场处罚。

三、查处机动车超速违法行为应当按照以下规定进行：

（一）交通警察在测速点通过测速仪发现超速违法行为，应当及时通知查处点交通警察做好拦车准备；

（二）查处点交通警察接到超速车辆信息后，应当提前做好拦车准备，并在确保安全的前提下进行拦车；

（三）对超速低于百分之五十的，依照简易程序处罚；超过百分之五十的，采取扣留驾驶证强制措施，制作行政强制措施凭证。

四、当事人要求查看照片或者录像的，应当提供。

五、在高速公路查处超速违法行为，应当通过固定电子监控设备或者装有测速设备的制式警车进行流动测速。

附件 4

查处违法停车操作规程

一、查处机动车违法停车行为应当使用照相、摄录设备、清障车等装备。

二、发现机动车违法停车行为，机动车驾驶人在现场的，应当责令其驶离。

机动车驾驶人不在现场的，应当在机动车侧门玻璃或摩托车座位上张贴违法停车告知单，并采取拍照或者录像方式固定相关证据。严重妨碍其他车辆、行人通行的，应当指派清障车将机动车拖移至指定地点。

机动车驾驶人虽在现场但拒绝立即驶离的，应当使用照相、摄录设备取证，依法对机动车驾驶人的违法行为进行处理。

公安机关交通管理部门应当公开拖移机动车查询电话，并通过设置拖移机动车专用标志牌明示或者以其他方式告知当事人。当事人可以通过电话查询接受处理的地点、期限和被拖移机动车的停放地点。

三、交通警察在高速公路上发现机动车违法停车的，应当责令机动车驾驶人立即驶离；机动车发生故障或者机动车驾驶人不在现场的，应当联系清障车将机动车拖移至指定地点并告知机动车驾驶人；无法拖移的，应当责令机动车驾驶人按照规定设置警告标志。

故障机动车可以在短时间内修复，且不占用行车道或者骑压车道分隔线停车的，可以不拖移机动车，但应当责令机动车驾驶人按照规定设置警告标志。

四、拖移违法停车机动车，应当保障交通安全，保证车辆不受损坏，并通过拍照、录像等方式固定证据。

附件 5

查处涉牌涉证违法行为操作规程

一、发现无号牌机动车，交通警察应当指挥机动车驾驶人立即停车，熄灭发动机，并查验车辆合法证明和驾驶证。

二、对于未悬挂机动车号牌，机动车驾驶人有驾驶证，且能够提供车辆合法证明的，依法处罚，并告知其到有关部门办理移动证或临时号牌后放行；不能提供车辆合法证明的，应当制作行政强制措施凭证，依法扣留车辆。

三、对于有拼装或者报废嫌疑的，检查时应当按照行驶证上标注的厂牌型号、发动机号、车架号等内容与车辆进行核对，确认无违法行为的，立即放行；初步确认为拼装或者报废机动车的，应当制作行政强制措施凭证，依法扣留车辆。

四、对于有使用伪造、变造机动车号牌或者使用其他机动车号牌嫌疑的，检查时应当根据车辆情况进行核对、询问，确认无违法行为的，立即放行；初步确认有使用伪造、变造机动车牌证或者使用其他机动车牌证违法行为的，应当制作行政强制措施凭证，依法扣留车辆。

五、对于有被盗抢嫌疑的，检查时，应当运用查缉战术、分工协作进行检查，并与全国被盗抢机动车信息系统进行核对。

当场能够确认无违法行为的，立即放行；当场不能确认有无违法行为的，应当将人、车分离，将车辆移至指定地点，进一步核实。

六、发现不按规定安装号牌、遮挡污损号牌的，检查时应当按照行驶证上标注的厂牌型号、发动机号、车架号等内容与车辆进行核对。确认违法行为后依法予以处罚，同时责令机动车驾驶人纠正。

七、交通警察发现机动车驾驶人未携带机动车驾驶证、有使用伪造或者变造驾驶证嫌疑或者机动车驾驶人拒绝出示驾驶证接受检查的，依法扣留车辆。

八、交通警察发现机动车驾驶人所持驾驶证记满 12 分或者公告停止使用的，依法扣留机动车驾驶证。

九、交通警察发现机动车驾驶人驾驶车辆与准驾车型不符、所持驾驶证有伪造或者变造嫌疑、驾驶证超过有效期或者驾驶证处于注销状态的，根据《公安机关办理行政案件程序规定》将驾驶证作为证据扣押。

十、机动车驾驶人所持驾驶证无效，同时又无其他机动车驾驶人替代驾驶的，可以将其驾驶的机动车移至不妨碍交通的地点或者有关部门指定的地点。

附件6

查处运载危险化学品车辆操作规程

一、发现运载爆炸物品、易燃易爆化学物品以及剧毒、放射性等危险物品车辆有违法行为的，应当指挥机动车驾驶人停车接受检查，除查验机动车驾驶人出示驾驶证、车辆行驶证外，还应当查验其他相关证件及信息，并依法处理。

二、对于擅自进入危险化学品运输车辆禁止通行区域，或者不按指定的行车时间和路线行驶的，应当当场予以纠正，并依据《危险化学品安全管理条例》实施处罚。

三、对于未随车携带《剧毒化学品公路运输通行证》的，应当引导至安全地点停放，并禁止其继续行驶，及时调查取证，并责令提供已依法领取通行证的证明，依据《剧毒化学品购买和公路运输许可证件管理办法》实施处罚。

四、对于未申领《剧毒化学品公路运输通行证》，擅自通过公路运输剧毒化学品的，应当扣留运输车辆，调查取证，依据《危险化学品安全管理条例》实施处罚。

五、对于未按照《剧毒化学品公路运输通行证》注明的运输车辆、驾驶人、押运人员、装载数量和运输路线、时间等事项运输的，应当引导至安全地点停放，调查取证，责令其消除违法行为，依据《危险化学品安全管理条例》和《剧毒化学品购买和公路运输许可证件管理办法》实施处罚。

公安机关维护民警执法权威工作规定

（2018 年 12 月 19 日中华人民共和国公安部令第 153 号发布 自 2019 年 2 月 1 日起施行）

第一条 为保障公安民警依法履行职责、行使职权，维护国家法律尊严和民警执法权威，依据《中华人民共和国人民警察法》《公安机关督察条例》等法律法规，制定本规定。

第二条 公安机关及其民警应当严格依法履行职责、行使职权，树立严格规范公正文明的执法形象，提升执法公信力和执法权威。

第三条 公安民警依法履行职责、行使职权受法律保护，不受妨害、阻碍，民警及其近亲属的人身财产安全不因民警依法履行职责、行使职权行为受到威胁、侵犯，民警及其近亲属的人格尊严不因民警依法履行职责、行使职权行为受到侮辱、贬损。

第四条 县级以上人民政府公安机关应当成立由督察长为主任，警务督察和法制、警令指挥、警务保障、政工人事、教育训练、新闻宣传及执法办案等部门为成员的维护民警执法权威工作委员会。

维护民警执法权威工作委员会办公室设在警务督察部门，具体负责协调督办侵犯民警执法权威案件，受理调查相关民警的申请申诉，为受到侵犯的民警提供救济、恢复名誉、挽回损失。

第五条 公安机关应当与检察机关、审判机关、宣传部门等建立维护民警执法权威工作协调联动机制，加强工作沟通与协作。

第六条 公安机关可以通过聘请法律顾问、专职律师等形式，为民警依法履行职责、行使职权提供法律服务，强化维护民警执法权威工作法律保障。

第七条 公安机关应当建立完善维护民警执法权威新闻发布机制，由警务督察部门会同新闻宣传、法制等部门及时发布相关信息，回应社会关切，加强普法教育。

第八条 民警在依法履行职责、行使职权过程中或者因依法履行职责、行使职权遇到以下情形的，公安机关应当积极维护民警执法权威：

（一）受到暴力袭击的；

（二）被车辆冲撞、碾轧、拖拽、剐蹭的；

（三）被聚众哄闹、围堵拦截、冲击、阻碍的；

（四）受到扣押、撕咬、拉扯、推搡等侵害的；

（五）本人及其近亲属受到威胁、恐吓、侮辱、诽谤、骚扰的；

（六）本人及其近亲属受到诬告陷害、打击报复的；

（七）被恶意投诉、炒作的；

（八）本人及其近亲属个人隐私被侵犯的；

（九）被错误追究责任或者受到不公正处分、处理的；

（十）执法权威受到侵犯的其他情形。

第九条 行为人实施侵犯民警执法权威的行为，构成犯罪的，依法追究刑事责任；尚不构成犯罪，构成违反治安管理行为的，依法给予治安管理处罚。

民警由于行为人的行为遭受人身或者财产损失的，公安机关应当支持民警通过提起刑事附带民事诉讼或者民事诉讼等法律途径，维护自身合法权益。

公安机关办理侵犯民警执法权威的刑事案件、治安案件，适用《刑事诉讼法》《治安管理处罚法》《人民警察法》关于回避的规定。

第十条 民警因依法履行职责、行使职权，本人或者其近亲属遭遇恐吓威胁、滋事骚扰、尾随跟踪，或者人身、财产受到侵害的，民警所在公安机关和有管辖权的公安机关应当及时采取保护措施，依法追究行为人的法律责任。

第十一条 民警在执法执勤现场受到不法侵害的，民警及其所在部门应当依法采取措施制止侵害并立即向所属公安机关指挥部门报告。公安机关指挥部门应当迅速组织力量进行处置，同时通报警务督察部门。警务督察部门视情派员赴现场初步查明情况，协助控制事态，督促依法处置。

第十二条 公安机关应当协调医疗卫生机构建立民警因公负伤紧急救治畅通机制，为负伤民警提供及时、有效的医疗救治。

第十三条 公安机关办理侵犯民警执法权威的刑事案件、治安案件时，法制部门应当根据情况的复杂程度、造成后果的严重程度，视情提前介入，加强审核把关，对案件定性、取证、处理等进行指导，确保案件办理事实清楚、证据确凿、程序合法、法律适用准确。

第十四条 民警按照法定条件和程序履行职责、行使职权，对公民、法人或者其他组织合法权益造成损害的，民警个人不承担法律责任，由其所属公安机关按照国家有关规定对造成的损害给予补偿。

第十五条 公安机关应当严格依法依规开展执法过错责任追究工作。非因法定事由、非经法定程序，不得对民警采取停止执行职务、禁闭等措施，不得作出处分或者免职、降职、辞退等处理。

公安机关不应当受舆论炒作、信访投诉等人为因素影响，不当或者变相追究民警责任，加重对民警的处分、处理。

第十六条 公安机关应当根据行为事实、情节、后果，综合考虑主客观因素，客观评价民警行为性质，区分执法过错、瑕疵、意外，依法依规作出责任认定。

对于民警依法履职尽责，受主观认知、客观条件、外来因素影响造成一定损失和负面影响的行为或者出现的失误，以及民警非因故意违法违规履职，及时发现并主动纠正错误，积极采取措施避免或者减轻危害后果与影响的，公安机关应当从轻、减轻或免于追究民警的责任，或者向检察机关、审判机关提出从轻、减轻或者免于追究民警刑事责任的建议。

第十七条 对于民警行为是否属于依法履行职责、行使职权行为，以及执法是否存在过错等问题存在较大争议的，公安机关维护民警执法权威工作委员会应当组织相关专业人员成立专家组进行审查，出具书面论证意见，作为公安机关内部责任认定的重要参考依据。纪检监察机关、检察机关介入调查的，公安机关应当及时提供论证意见，加强沟通。

第十八条 民警对因履行职责、行使职权行为受到记大过以上处分、辞退有异议并提出申诉的，民警所在公安机关维护民警执法权威工作委员会应当听取当事民警的陈述、申辩，对事实、理由、依据和程序进行全面复核，认为处分、处理决定不当的，应当向作出决定部门提供复核意见。不得因民警提出申诉而对其加重处分、处理，或者变相打击报复。

第十九条 民警因履行职责、行使职权行为受到检察机关调查时或者其他必要情形下，公安法制部门和公安机关聘请的法律顾问、专职律师应当在职责范围内为事件的调查处理提供必要的法律配合。

第二十条 民警认为因依法履行职责、行使职权受到侵害的，民警及其近亲属或者民警所在单位可以向所属公安机关警务督察部门提出维护执法权威申请，一般情况下应当通过书面形式提出，紧急情况下可以口头提出。

警务督察部门在工作中发现民警执法权威受到侵犯的情形、线索，应当主动启动相关工作程序。

第二十一条 警务督察部门在办理维护民警执法权威事项过程中，认为应当由上一级公安机关警务督察部门协调处理的，可以提请上一级公安机关警务督察部门协调处理。

上一级公安机关警务督察部门可以指令下一级公安机关警务督察部门对专门事项进行调查，必要时可以直接开展调查。

第二十二条 民警因依法履行职责、行使职权行为受到公安机关内部不公正处分、处理，经核查属实的，警务督察部门应当督促相关部门限期纠正。

第二十三条 民警因履行职责、行使职权行为受到不实投诉、诬告诽谤、侮辱、恶意炒作，以及被错误审查调查、追究责任后，相关部门予以纠正的，警务督察部门应当通过公开的形式，在一定范围内澄清事实，消除影响。受到公安机关内部处分、处理的，公安机关应当及时撤销相关决定并恢复民警公职身份和原职务、职级。

第二十四条 公安机关应当建立维护民警执法权威抚慰金制度，规范审批和管理使用。民警所属公安机关及其政工人事部门、警务督察部门负责人应当出面抚慰因依法履行职责、行使职权受到侵害的民警。

第二十五条 公安机关应当聘请专业人员，在必要时对因依法履行职责、行使职权受到侵害的民警及其近亲属开展心理干预和治疗，缓解和疏导心理压力、负担。

第二十六条 公安机关应当经常开展常用法律法规培训和安全防护理念教育，加强民警基础体能、基本技能、常见警情处置、现场警务指挥等警务技战术训练，规范现场执法执勤行为，提升安全防护能力和现场处置水平。

第二十七条 公安机关应当加强对侵犯民警执法权威行为规律特点的分析研究，评估执法风险，加强安全指引和预警防范。

第二十八条 有下列行为之一的，依照有关规定追究相关领导和责任人的责任：

（一）因制度不落实、保障不到位、指挥错误导致民警执法权威受到侵犯的；

（二）不按要求向上级公安机关报告有关情况的；

（三）不及时采取善后救助措施的；

（四）阻碍、干扰侵犯民警执法权威案件办理的；

（五）因工作不力、推诿拖延对侵犯民警执法权威案件办理造成严重影响的；

（六）违法违规不处理、降格处理侵犯民警执法权威行为人的。

第二十九条 公安民警在非工作时间，遇到职责范围内的紧急情形，表明身份后，根据现场情况进行先期处置过程中，受到不法侵害的，公安机关依照本规定维护其执法权威。

第三十条 本规定所称“近亲属”是指夫、妻、父、母、子、女、同胞兄弟姊妹。

第三十一条 警务辅助人员在协助民警依法履行职责、行使职权过程中受到不法侵害的，参照本规定开展相关工作。

第三十二条 各省、自治区、直辖市公安厅、局，新疆生产建设兵团公安局，各行业公安局，根据本规定制定实施办法。

第三十三条 本规定自 2019 年 2 月 1 日起施行。本规定发布前公安部制定的有关规定与本规定不一致的，以本规定为准。

图书在版编目（CIP）数据

交警执法实务及常见警情处置规范／李文等编著．—北京：中国法制出版社，2019.6
(2023.6重印)
ISBN 978-7-5216-0278-4

Ⅰ.①交… Ⅱ.①李… Ⅲ.①道路交通安全法-行政执法-研究-中国 Ⅳ.①D922.144

中国版本图书馆CIP数据核字（2019）第101093号

策划编辑：朱丹颖（投稿联系：ss-nuanuan@hotmail.com）　封面设计：杨鑫宇

交警执法实务及常见警情处置规范

JIAOJING ZHIFA SHIWU JI CHANGJIAN JINGQING CHUZHI GUIFAN

编著/李文等
经销/新华书店
印刷/北京虎彩文化传播有限公司
开本/880毫米×1230毫米　32开　印张/7.25　字数/122千
版次/2019年6月第1版　2023年6月第10次印刷

中国法制出版社出版
书号 ISBN 978-7-5216-0278-4　定价：30.00元

北京市西城区西便门西里甲16号西便门办公区
邮政编码：100053　传真：010-63141600
网址：http://www.zgfzs.com　**编辑部电话：010-63141667**
市场营销部电话：010-63141612　**印务部电话：010-63141605**

（如有印装质量问题，请与本社印务部联系。）